中国大连高级经理学院学术著作出版资助项目

制造企业服务化
驱动机理和
实现路径研究

孙佳　李强　著

知识产权出版社
全国百佳图书出版单位
—北京—

图书在版编目（CIP）数据

制造企业服务化驱动机理和实现路径研究／孙佳，李强著. — 北京：知识产权出版社，2020.9
ISBN 978 - 7 - 5130 - 7151 - 2

Ⅰ. ①制… Ⅱ. ①孙… ②李… Ⅲ. ①制造工业—服务经济—研究—中国 Ⅳ. ①F426.4

中国版本图书馆 CIP 数据核字（2020）第 168331 号

内容提要

在全球制造业发展变革的背景下，向服务型制造方向转变已然成为中国制造业企业转型发展的新选择。本书重点研究制造企业服务化转型的驱动机理和实现路径，即：理论研究方面，从交易成本、价值链和战略管理三个理论角度解释制造企业服务化的根本动因，从协同视角阐述制造企业服务化的转型过程。理论模型方面，基于企业特征和行业属性的协同作用，构建制造企业服务化选择的博弈模型。实证检验方面，基于中国制造业上市公司数据，采用 PSM 方法和 Logit 模型，检验服务型制造企业的经营绩效和制造企业服务化的驱动机理。案例探讨方面，以中车大连电力牵引研发中心有限公司为例，对服务化实现路径做对比和选择。最后对国内外服务化相关政策进行系统梳理。本书对中国制造企业实现转型发展具有重要的现实意义，也为今后制造企业服务化的研究提供新的理论研究框架与实证研究思路。

责任编辑：张 珑 苑 菲　　　　　　　　**责任印制：孙婷婷**

制造企业服务化驱动机理和实现路径研究

ZHIZAO QIYE FUWUHUA QUDONG JILI HE SHIXIAN LUJING YANJIU

孙 佳 李 强 著

出版发行：**知识产权出版社** 有限责任公司	网　址：http://www.ipph.cn		

电　话：010 - 82004826　　　　　　　　　　　http://www.laichushu.com

社　址：北京市海淀区气象路 50 号院　　　邮　编：100081

责编电话：010 - 82000860 转 8574　　　　责编邮箱：laichushu@cnipr.com

发行电话：010 - 82000860 转 8101　　　　发行传真：010 - 82000893

印　刷：北京中献拓方科技发展有限公司　经　销：各大网上书店、新华书店及相关专业书店

开　本：720mm × 1000mm 1/16　　　　　印　张：13.25

版　次：2020 年 9 月第 1 版　　　　　　　印　次：2020 年 9 月第 1 次印刷

字　数：230 千字　　　　　　　　　　　定　价：58.00 元

ISBN 978 - 7 - 5130 - 7151 - 2

前　言

　　基于复杂多变的内外部环境压力，全球制造业的发展正呈现出以生产制造为重心向以服务化为重心转移的趋势。越来越多的制造企业改变了单纯生产制造产品的模式，开始增加服务业务，并提供一体化的产品与服务解决方案，即实现制造企业的服务化。这一变化导致制造业的价值分布从制造环节开始向服务环节转移，产品定制研发、销售与售后维护等服务性活动在制造企业的生产经营活动及利润收入中所占的比重不断提高。在全球制造业发展变革的背景下，中国制造业正面临产品同质化严重、产能过剩等问题，向服务型制造方向转变已经成为中国制造业企业转型发展的新选择。制造企业可以通过实施服务化战略，提供产品和多元化的服务，以更好地满足消费者需求，同时获得新的市场机遇，增加企业的经营效益。

　　本书围绕制造企业服务化问题，重点研究了制造企业服务化转型的驱动机理和实现路径。对中国制造企业改变现在的发展困境，实现转型发展具有重要的现实意义。同时，为今后制造企业服务化的研究提供了新的理论研究框架与实证研究思路。

　　理论研究方面，首先，从交易成本理论、价值链理论和战略管理理论三个角度分别解释制造企业服务化的根本动因。其次，分别从企业层面和行业层面对驱动制造企业服务化的企业特征和行业属性进行了理论分析。最后，基于协同理论构建制造企业服务化选择的理论模型。分别讨论了服务型制造企业与制造企业、服务企业竞争模式下，及服务型制造企业与兼并服务企业的制造企业竞争模式下，企业是否做出服务化决策的问题，进而展开对具体企业特征和行业属性的影响的理论分析。

　　实证检验方面，基于中国制造业上市公司数据，首先采用倾向得分匹配方法检验了服务化制造企业的企业经营绩效情况。随后基于 Logit 模型检验了制造企业服务化的驱动机理，根据要素密集度分组的回归结果，不同类型行业的制造企业服务化影响因素与总体样本的结论基本一致。此外，以中车大连电力牵引研发中心有限公司为例，分别从基于产业链、基于商业模式、基于价值链和基于国家级示范企业服务化四方面构建不同实现路径下的具体模式。在此基础之上，对不同企业特征和行业属性的制造企业进行服务化的路径做对比和选择。

政策梳理方面，对国内外制造企业服务化相关政策进行了系统梳理，在借鉴各国推动制造企业服务化政策成熟经验的基础之上，对国内制造业服务化相关政策的总体趋势进行分析，即服务经济—生产性服务—服务型制造。随后针对三十一个省级行政区域（香港、澳门、台湾因其数据难以获得，暂不纳入此次研究）发布的具有地方特色的政策进行比较和评价，找出其中的差异性，进而给出有利于制造业服务化升级发展的对策建议。

本书由中国大连高级经理学院、大连理工大学国际教育学院，及国家社会科学基金重大项目（15ZDA025）、辽宁省哲学社会科学规划基金项目（L16CJY002）、中央高校基本科研业务费资助项目（DUT19RW126）和大连理工大学国际教育学院教改培育基金项目（SIE20TYB5）联合资助出版。另外，本书感谢大连理工江苏研究院有限公司李昕欣在搜集资料和整理文稿过程中的辛勤付出，感谢中车大连电力牵引研发中心有限公司姜磊在案例调研和撰写阶段的配合工作。虽然经过了反复校稿，但本书可能仍然存在不足和疏漏，敬请各位读者批评指正。

目　录

1 绪　　论

1.1　现有研究综述

1.1.1　服务型制造的研究

制造企业向服务化转型，即成为服务型制造企业。现有相关研究中，大部分文献主要围绕服务型制造展开研究，集中讨论企业服务化转型之后的结果。关于服务型制造的相关研究，主要从竞争优势与运行机制两个方面展开。

（1）服务型制造的竞争优势

根据波特的经典竞争理论，产品竞争主要具有两种基本优势类型：一种是低成本优势，第二种是差异化优势。关于服务型制造的竞争优势研究，也主要集中于对成本优势与差异化优势的讨论。

关于服务型制造的成本优势，俞安平和曹雯基于产品服务系统（product service system，PSS）分析与价值链分析法进行了分析。他们认为服务型制造不仅可以为用户带来个性化的产品与服务，而且对企业本身来说能够降低生产经营成本。从产品的角度进行分析，服务型制造能够减少制造企业与用户之间的信息不对称问题，提高资源的配置效率与经济效率，降低产品的交易成本。而且服务型制造提供了一种良好的制度模式，企业与用户之间可以实现利益的一致性，进而强化企业与用户共同降低成本的动机。

从过程的角度进行分析，服务型制造的各个环节与流程均能体现出企业的成本优势。服务型制造的第一个环节与流程是要先掌握用户的需求信息。区别于传统制造业，服务型制造不是先制造产品再寻找顾客，而是根据消费者的需求进行定制生产。因而，在这一环节服务型制造可以降低企业的搜寻客户成本及市场分析成本等。第二个环节与流程是对产品进行研发设计。在这一阶段，制造企业的工作人员通常会进驻用户企业办公，与用户企业对产品的研发和设计直接进行面对面的讨论和协商。这种独特的企业与用户之间专属锁定关系使制造企业可以更好地了解用户需求，同时开发潜在市场，获得范围经济效益。同时，在产品的开发设计环节，制造企业可以采用模块化的设计方法，将同一模块应用在多个用户的产品中，实现标准化与多样化的有机结合。不仅保证了实现不同用户的个性化需求，同时能够降低企业的设计与制造成本。第三个环节与流程是对原材料进行采购，由于具体的采购方案由消费者的需求进行确定，因而可以减少对零部件或者原材料的采购和库存量，降低企业的采购与库存成本。第四个环节与流程是产品的生产与制造，由于产品的生产是由用户需求确定的，可以避免传统制造企业由于不确定性导致产品滞销带来的损失。第五个环节与流程是销售，由于产品是根据用户的需求进行个性化定制，因而生产之后就实现了销售，降低了企业的销售成本。

关于服务型制造的差异化优势，贝恩斯（Baines）认为差异化优势的来源主要有两个方面，一是来自制造企业根据用户独特的需求进行个性化定制产品，二是来自个性化的价值创造过程。而且，用户在产品的制造过程中全程参与，也是服务型制造产生差异化优势的一个重要因素。杨慧等人认为服务型制造模式能够打破波特理论中两种优势类型不可兼得的常态，并且构建了服务型制造的双重竞争优势模型，基于江苏省200家制造企业数据和结构方程模型对该理论模型进行检验。结果发现服务型制造能够通过创造差异化优势获取溢价效应，同时这种溢价效应导致多类运营成本的降低。

在理论层面，服务型制造具有成本和差异化两种竞争优势的机理，主要有以下几种理论解释。第一，交易成本理论。根据交易成本理论，资产专用性程度与机会成本较低的情况下，企业通常会选择市场交易方式，从企业外购买产品或服务，而不是进行内部生产。在服务型制造网络中，上下游企业与用户之间由于关系紧密，互相信任，因而降低成本与风险。同时，制造企业与各个用户之间形成长期专属的锁定关系，能够降低在交易对象信息方面的搜寻成本。第二，核心竞争理论。服务型制造企业在不影响企业核心能力的前提下，将部分业务环节与流程进行外包，不仅能够加深行业的专业化分工，也使市场上专业的生产性服务与服务性生产种类越来越多，促进了服务型制造网络的形成。第三，规模经济与范围经济效应。在服务型制造中，制造企业通过外包把一体化生产系统拆分为以特定工序和流程为基本环节的产品内分工系统，进而使各个工序环节均达到最佳规模，降低生产成本。如果多个制造企业将相同或相似的业务环节外包给同一家制造企业，那么该制造企业通过业务聚集可以达到一个较高的经济生产规模。企业之间进行分工合作，再将分散制造资源进行整合，实现企业各自核心竞争能力的高度协同，最终形成外部范围经济。

服务型制造的竞争优势，可以反过来用于指导服务型制造的业务流程与环节的优化设计。张青山和吴国秋根据服务型制造的两方面竞争优势，提出了服务型制造业务流程优化的思路，采用精益六西格玛和质量功能配置融合集成的优化方法，优化的主要程序包括顾客需求识别、竞争战略制定、业务流程设计、组织功能调整与组织结构匹配，最后建立了逻辑与数学模型，并且通过一个例证分析阐述了优化模型的应用。

（2）服务型制造的运行机制

由于服务型制造过程中包含了各部门各环节之间的协作，还需要与用户之间进行大量不确定的信息交互，因而服务型制造的运行机制较为复杂。程东全等人认为服务型制造的结构属于一种网络或者链状结构，是由多个企业作为节点连接所形成。武晓青等人对服务型制造运行框架的研究认为服务型制造的运行主要在于各部门之间以流程为中心进行各环节的制造与服务。一方面，这有利于各部门和生产环节进行有效的信息传递、增加沟通；另一方面，顾客全程参与服务型制造企业的整个生产流程，可及时表达需求，根据产品和服务提供反馈信息。服务型制造的发展需要关注运行机制的建设，以保证企业内外部各环节的合作，提高企业的核心竞争力。根据现有研究成果，服务型制造的运行机制主要有以下几个方面的内容：

首先，服务型制造的运行以知识管理为基础。各国经济发展的实践表明，知识已经成为一个企业核心竞争力的重要资源与关键要素。在服务型制造企业的管理中，不仅应重视对知识的应用与管理，更要重视并加强对知识创新的管理。对于服务型制造企业来说，产品创新与服务创新是使企业获得高额利润最重要的方式。服务型制造的各个生产环节，需要各部门各方面的积极协作、共担风险、共享利润。同时，在有效的组织机制和学习机制下，推动各部门增强技术创新活动，以促进更具创新理念的新产品与服务产生。

其次，服务型制造网络的运行需要以信息技术为支撑。在服务型制造企业中，要重视对企业信息化的建设。企业信息化可以使制造服务过程的各个环节，从原材料库存管理，到加工制造，再到营销与物流环节，均实现数字化和可追踪化，既便于操作管理，又能优化资源配置。实现信息化方式管理已经成为现代企业发展的主要趋势。而服务型制造企业在传统制造业的基础上，增加了与其他企业的沟通及与客户的沟通，因而更需要信息化网络服务于各个生产服务环节。基于互联网、计算机技术等，对企业信息化进行建设与完善，将制造与服务环节连接成大的网络。

再次，服务型制造的运行需要采用动态管理方式。在复杂的外部市场环境下，服务型制造企业所处的制造与服务网络具有动态演化的特征，与传统制造企业相比，其管理思想也应该从稳态转变为动态管理方式。对于整个制造与服务网络，可以采用网格化管理方式，同时对供应商、客户、材料等资源进行动态化管理。不仅可以在各个制造与服务部门共享利用这些资源，还可及时地进行远程控制、诊断故障，满足客户的需求。

最后，服务型制造的运行要保证协同合作。由于服务型制造网络的动态性与复杂性，服务型制造网络面临各种资源，需要通过协同管理将各类分散的资源集成整合、优化运行。一方面，服务型制造企业应将制造服务的业务流程规范化和标准化，以保障各环节跨组织和跨企业的合作，进而保障整个制造服务网络的运行，实现设计协同、制造协同与供应链协同。另一方面，服务型制造企业要加强整个服务型制造网络的协同管理，强化各部门核心竞争力的协同，以满足客户的各种需求，积极响应客户的反馈问题，以高效、低成本的生产方式提供相应的解决方案。

武晓青等人的研究认为服务型制造基于上述的运行机制，一般会具有以下三个特点。第一，服务型制造更加强调以用户为中心。在传统制造业的生产模式下，很可能出现由于供需情况变化导致产品严重过剩的情况，影响企业发展与活力。而服务型制造的生产模式改变了以市场需求为导向的传统模式，更加关注用户的个性化需求，让用户全程参与制造服务流程，根据用户的需求进行产品设计、制造、销售及售后服务，并且根据用户的反馈信息对产品进行改进。第二，企业的边界变得模糊。制造企业内部各部门之间改变了传统的界限，彼此之间增加了沟通与信息交流，各个环节共同协作，以满足用户需求为共同目标。根据业务流程环节运行的模式，加强了服务型制造的网状结构，打破了传统制造企业的组织边界。第三，制造过程中具有分布式并行特征。在传统制造企业，生产按研发设计、制造、营销、售后这一顺序运行，而服务型制造企业中最主要的是服务活动及与用户相关的活动，因而服务型制造的并行化生产程度较高，可以缩短产品的生产周期。

1.1.2　服务创新的研究

一部分文献从企业创新的角度，认为制造企业的服务化选择属于创新行为中的服务创新。服务创新是相对于企业技术创新而言的另一种创新模式，服务创新相关的文献聚焦于对服务创新内涵及具体模式的讨论。

（1）服务创新的内涵

国内外文献对于服务创新内涵进行了充分的讨论。一部分学者从创新服务的内容和开发角度对服务创新的内涵进行阐述。佩顿（Paton）和麦克劳林（Mclaughlin）认为服务创新是通过引入一种未使用过但是更加有效的方法或手段，以实现产品市场价值的活动过程。贝当古（Bettencourt）提出服务创新是一种以顾客为中心，对所提供的服务内容进行创新开发、改进设计、生产制造与营销等流程的活动。尹（Yoon）等人则认为，对于服务型制造企业来说，服务创新是相对于传统制造企业技术创新的一种开发新服务产品的创新活动。李雷等人提出服务创新是服务型制造企业为了满足用户的多样化与个性化需求，对现有产品或服务进行改进，以使企业获取更多的利益的手段。赵益维等人提出服务型制造企业的服务创新是根据产品生命周期中各阶段服务内容的变化及与用户互动关系的变化而进行的一种创新活动。

还有一部分研究考虑到产品与服务之间的相互关系，采用产品服务融合的服务创新方法，认为服务型制造企业的服务创新是服务型制造企业为了满足用户的各种不同需求，采用新的先进的方法或手段，实现产品与服务的相互融合，开发出新的产品服务系统。龙跃认为在现代服务环境下服务创新是对社会化资源配置的一种创新，服务型制造网络上的各主体通过对各种资源进行整合利用，展开无形的创新增值活动。从服务创新的表现形式来看，服务型制造企业基于本身的制造能力，通过对知识与经验的积累，在具体产品的制造基础上，在制造前、制造过程及制造之后的各个阶段均增加一定的服务内容，实现由产品主导向服务主导的转型，并以服务作为企业创造价值的主要来源。

由于服务一般具有无形、异质、易逝等特征，与产品实物及其他方面均具有显著不同，因而也有学者强调从服务特征的角度分析服务创新的内涵。罗建强等人认为服务型制造企业中的服务创新是在传统制造基础上加入"服务"的元素，以适应新的创新体系建立、满足用户的差异化需求，为服务型制造企业增加盈利空间。奥古斯特（Auguste）等人提出，在制造过程中直接加入服务对传统制造企业来说是有一定难度的，制造企业向服务型制造企业转型需要更清晰地了解市场情况，以将服务更好地融合于制造过程中，从而给企业带来新的增长。

从内容来看，服务创新主要分为两个方面。一方面，以产品为主的服务创新通过加强产品的服务属性增加产品附加值；另一方面，以服务为主的服务创新则以产品为载体，以用户满意为目标提供增值服务。服务型制造企业的服务创新路径一般有以下两种：一种是进行战略转型，改变过去的制造业务，选择完全不相关的新的服务业务，如为用户提供与产品有关的服务解决方案而并不进行生产制造；二是仍然保留原有的制造业务，并在此基础上增加服务活动，依托制造产品获取更高的价值，服务在整个业务流程中占有较大比重。

此外，服务创新被认为会受到多种因素的影响。在早期的研究中，主要集中于讨论工业技术对服务创新的影响。乔（Jaw）等提出服务特点、市场定位与创新绩效会共同影响服务型制造企业的服务创新选择。

（2）服务创新的模式

关于服务创新的具体模式研究，不同文献提出了不同的分类方法。罗建强和马蕾在延迟策略实施的视角下对制造业转型过程中服务创新的模式进行了分析。延迟策略是服务型制造企业为了应对外部市场同质化竞争与不确定性需求，而在服务型制造过程中增加更多服务内容的一种策略方式。在这种策略下的服务创新模式有两种，在不同服务创新模式选择下服务创新的内容也存在差异。

第一种服务创新模式是弱化制造技术重视服务，改变原有的制造流程，增强服务在各业务流程中价值创新的比重。在这种模式下，服务创新更关注市场中的目标用户，尽量满足不同用户的具体服务需求，减少市场中不确定因素，减少产品服务周期。同时，以服务过程的质量控制作为创新点，实现用户参与式的产品服务系统，系统化设计业务流程。

第二种服务创新模式是基于制造技术增加衍生服务。仅依赖于产品技术的创新空间有限，难以为制造企业增加利润空间。制造企业为了获取更高的价值增值，向"微笑曲线"两端拓展业务，通过服务创新可以准确获取用户的潜在需求，以制造品为载体为用户提供价值创造。因而，即使工业制造品是相同的，通过服务创新可以给用户提供差异化的产品服务。但是，这种服务创新并不仅是完成产品的售后服务，而是在产品销售前后均以用户为中心提供差异化服务。

根据服务创新的具体内容，服务创新模式可以分为以下三类。第一种是核心的服务创新。制造企业的主要盈利来源是工业制造品，核心的服务创新主要是在原有制造产品基础上增加新的服务，满足用户对产品在功能上的要求，对应于面向产品的服务型制造。第二种是扩展的服务创新。即对产品进行扩展服务，例如可以采用升级、检测、配套、融资担保等服务提高产品的附加值，从而解决用户使用产品的问题，对应于面向过程的服务型制造。第三种是广义的服务创新。通过对资源的垂直整合，改变业务流程，使用户参与到整个生产过程中，按照用户对整个产品的个性化要求进行成套产品的定制，对应于面向结果的服务型制造。以上三种服务创新模式完整的反映出价值链的"微笑曲线"。

不同的服务创新模式，一般均具有以下的五方面特征。第一，无形化与轨道化特征。服务创新主要是无形的服务活动，然而服务型制造过程并不脱离原有的制造环节，因而无形的服务与有形的产品相互支持，同时具有轨道化的特点。第二，多主体性特征。在服务型制造网络下，由于业务流程具有设计、生产、销售等多个环节，各部门等主体依赖于现代技术与信息化，开展协同合作，共同实现服务型制造的整个流程。第三，网络化特征。服务型制造的整个流程离不开信息技术的支持，信息技术使得各主体之间的交流沟通更加便利。传统制造企业的界限变得模糊，通过资源整合形成横向与纵向关系网。第四，耦合性特征。服务型制造网络中的各主体需要对各种资源和信息进行筛选、识别、整合，并且相互进行协调配合，因而服务创新具有较强的耦合性。第五，演化性。服务创新内容与模式根据企业所处环境不断变化。

许晖和张海军提出，制造企业服务创新能力主要包括服务覆盖能力、服务流程化能力和服务开发能力，并且采用案例分析方法，从资源编排的研究角度，考察了制造企业在资源动态编排情况下，如何构建企业服务创新能力，及这种机制的演化路径。在不同的资源编排方式下，企业的服务创新能力会发生不同程度的跃迁及序列效应。

1.1.3　制造企业服务化的研究

（1）制造企业服务化的方式

制造企业服务化相关的现有文献，大部分是从行业整体的角度展开研究，讨论制造行业向服务化转型的新发展方式及服务型制造转型的重要性。

从制造业服务化水平的国际比较来看，黄慧群和霍景东基于1995—2009年20个主要制造国家的投入产出数据，构建了衡量一国制造业服务化水平的指标，实证检验影响制造业服务化的因素。结果发现服务业的生产率水平、市场自由化程度、人力资本、国家创新水平及制造行业的进出口比重这些因素能够显著地促进制造业服务化产出水平提高。胡查平和汪涛基于深圳华为技术有限公司、长沙远大科技集团和三一重工股份有限公司3家中国本土制造企业的服务化转型实际经验，对制造企业服务化转型的路径进行研究，提出升级演进路径的理论模型，认为在制造企业服务化转型过程中，传统制造企业的重点和关键是要具备核心能力，进而从关注产品生产制造阶段到关注产品的基础性服务阶段，最后升级到关注客户业务竞争力、提升自身服务阶段，在制造企业进入市场竞争过程中不断升级企业的服务化战略，完成制造企业的服务化转型。

王玉辉和原毅军认为服务型制造对于推动传统制造业转型升级具有重要作用，从以传统制造为主逐渐向服务型制造转变，到最后形成服务型制造为主导，实现制造产业的转型升级；在不同阶段下具有不同的溢出带动效应、关联带动及辐射带动作用。姜黎辉提出在促进制造企业服务化转型时可以采用有效的海星模式，即企业通过战略联盟或者企业并购的方式，首先使企业的服务能力提高，进而逐渐向外延伸各个服务触角，在市场的服务需求引导下产生新的服务触角。像海星的触角一样，能够在市场中将独特的商业模式进行复制，实现服务型制造的规模经济效应，并且选择杭州制氧机集团股份有限公司和陕西鼓风机（集团）有限公司（以下简称"陕鼓集团"）的转型过程进行了详细的案例分析。

方润生等人基于陕鼓集团的案例研究，将制造企业服务化的转型演进过程划分为初级和高级阶段，认为制造企业服务化包括单独产品的服务化和产品组合的服务化两种方式，产品组合的服务化才能为企业带来长期的竞争优势。在企业向服务化转型的初级阶段应该以单产品服务化为重点，偏重于关注用户的功能需求，而在企业向服务化转型的高级阶段应该以产品组合的服务化为重点，主要是为消费者提供一个整体的解决方案。

国外文献研究则重点从制造企业的微观角度，讨论其是否应该进行服务化的问题。关于制造企业考虑是否要实施服务化战略，甄（Zhen）构建了一个优化决策模型进行分析，并且得到结论：在双寡头市场中，当服务的单位固定成本低于均衡价格的三分之一时，制造企业应该采取服务化战略。塞坦尼（Settanni）等人也得到了相似的结论，认为制造企业服务化应采取相应的措施优化企业的运营成本。萨卡尼（Saccani）等人首先建立消费者、供应商与企业之间关系的研究框架，并且对企业的服务业务进行分类，由于制造企业服务化的供应链比传统制造企业的供应链复杂，通过对企业服务类型与供应链关系特征分析企业及时调整策略。

（2）制造企业服务化与企业绩效

关于制造企业服务化的实证研究中，现有文献主要集中于采用不同国家不同行业的微观层面数据，通过选择企业服务化水平和企业绩效的衡量指标，实证检验制造企业服务化战略实施对企业绩效产生的影响。然而，关于具体指标的选取及所得到的结论，现有研究结果并不统一。

关于企业绩效的选择，一部分文献继续采用传统做法，选择企业财务指标等衡量企业的绩效水平。盖鲍尔（Gebauer）等人对制造企业服务化现象展开讨论，从理论上解释其演化过程，并且通过测算服务化战略的各种指标，讨论服务化对企业财务绩效的影响。大部分研究认为制造企业服务化对企业绩效的影响存在显著的正向关系。方（Fang）等人基于 477 家出口制造上市公司 1990—2005 年的数据，检验企业服务化战略对企业价值托宾 Q 的影响，发现当服务收入占总收入的比例达到一定规模后，即在 20% ~ 30% 时，服务化对企业绩效存在正影响。而且，对企业绩效的影响受到企业和行业层面因素的影响，当企业所提供的服务业务与企业核心业务越紧密或者企业不存在资源短缺时，服务化战略在提高企业价值方面显得越重要。当行业发展波动较大时，对核心产品增加服务对于企业价值的作用将明显增加，而当企业处于高增长行业时，这种影响反而减弱。克罗泽（Crozet）和迈特（Milet）基于法国制造企业数据，选择利润率、人员数、总收入与产品收入衡量企业绩效水平。在控制了各种可能的内生性偏误来源后，发现企业实施服务化战略能够使利润率增长3.7%~5.3%、用工人员数增长30%、企业总收入增长3.7%、产品销售收入提高3.6%。艾格特（Eggert）等人基于德国机械工程行业414家企业的面板数据，采用潜在增长曲线模型和分组分析方法，检验了企业服务化与利润变化之间的关系及产品创新的重要作用。发现当企业的产品创新活动比较活跃时，为产品提供的服务能够直接提高企业利润，为客户提供的服务与长期利润之间并没有显著联系。

同时，有一部分研究认为制造企业在服务化转型后，不仅能提供产品服务，而且还要提供相当比例的服务业务，因而对其绩效的考核应该与技术创新绩效的衡量标准不同，对企业绩效的考核标准应不仅限于财务指标。衡量指标需要增加与服务相关的属性，因而通常称为服务创新绩效，如顾客满意度及对企业的服务质量考核等指标。然而，将服务纳入企业绩效考核指标的做法并不统一，成为国内外相关文献讨论的焦点问题。

菲茨杰拉德（Fizgerald）等人提出服务创新绩效指标应该是多重维度的，不仅要反映企业服务型制造运行的有效性，也可以体现出某一个具体项目的计划，或者整体业务流程的层次。库珀（Cooper）和克莱因·施密特（Klein Schmidt）通过对各要素进行分析，选择企业财务绩效、市场竞争与机会窗口三个方面的指标衡量服务创新绩效。沃斯（Voss）从过程和结果两个方面衡量企业的服务创新绩效，从过程角度进行衡量的指标包括成本、有效性与速度三方面，从结果角度进行衡量的指标选取包括财务、竞争力与质量三方面。科德罗（Cordero）将服务创新绩效的衡量方式分为整体业务绩效、技术绩效和商业绩效，并且对各个指标的内涵进行了准确的定义。阿夫洛尼蒂斯（Avlonitis）等从财务绩效与非财务绩效两方面提出了包含11个指标的综合指标来衡量企业服务创新绩效。马太尔（Matear）等选择新服务开发、员工服务创新行为策略衡量企业的服务创新绩效水平。曼苏里（Mansury）和洛夫（Love）则采用服务销售收入占全部销售收入的比重衡量企业服务创新的程度。

相比于国外学者的研究，国内对于服务绩效考核指标的相关研究较少，主要从服务化的效率与效果两方面衡量企业的服务绩效。简兆权等人提出可以从项目层次与计划层次两方面对服务创新绩效进行衡量。在项目层次，财务方面的具体衡量指标包括利润、销售额、投资回报率、市场占有率、成本等；考虑用户的指标具体有顾客满意度、获取新顾客数量、市场反馈情况、留住顾客比例等；内部指标具体包括未来发展潜能、效率、目标实现程度、战略匹配度、员工的反馈等。在计划层次，具体指标包括成果导入新产品的比例，从新产品获得的销售额或利润，每项产品的平均开发成本等。

基于现有研究对服务创新绩效指标的选择和讨论，相关文献进而讨论了企业服务化战略及其他因素对企业服务创新绩效的影响。其中一部分研究从企业的角度展开分析。赵益维等人提出企业资金能力、网络能力与管理能力等能反映企业自身能力的因素，均能促进企业提高服务创新绩效。蒋楠等人采用因子分析与回归分析等方法讨论了服务提供对企业服务创新绩效的影响，并且基于300家服务型制造企业的数据进行实证检验。结果发现面向客户与面向产品的服务提供均对企业的服务创新绩效有明显促进作用；知识共创在服务提供与企业服务创新绩效之间起到了中介作用，对企业服务创新绩效也产生了显著的正影响。简兆权等人基于服务科学、网络能力理论、关系学习理论，采用华南地区243家企业的样本数据进行实证检验，发现网络能力与关系学习对企业的服务创新绩效有显著正影响。而且在网络能力对服务创新绩效的影响中，关系学习起到部分的中介作用。

还有一部分文献从顾客的角度进行分析，认为用户参与企业服务型制造及用户知识转移对企业服务创新绩效具有重要影响。张若勇等人认为用户与企业之间的交互关系通过组织动机行为影响企业的服务创新绩效。卢俊义和王永贵从顾客知识转移的视角，探讨了顾客参与服务创新对创新绩效的影响关系。认为顾客知识转移在顾客参与服务创新和企业服务创新之间扮演着中介作用。一方面，顾客全程参与企业服务创新，企业通过与顾客及时对话和合作，能够实现顾客知识的有效转移；另一方面，顾客知识是企业的一种关键资源，服务创新越来越依赖于顾客知识的转移，顾客知识转移成为企业进行创新的重要思想来源，因而顾客的参与有利于促进企业服务创新。基于权变管理的视角，构造了以知识转移为中介机制的顾客参与服务创新和创新绩效关系的理论模型。李清政和徐朝霞认为用户应亲自参与服务型制造的整个生产流程，成为企业的共同生产者。基于资源基础观、关系营销与开放式创新理论等方法，他们探讨了用户共同生产对企业服务创新绩效的影响机制，并通过对213家知识密集型服务企业进行问卷调查得到的样本数据，采用结构方程方法进行实证研究。结果表明顾客与企业的共同生产对企业服务创新绩效存在显著正影响，顾客知识转移在顾客共同生产对服务创新绩效影响中扮演完全中介的作用。

然而，关于服务化对企业绩效的影响，有学者发现了相反的结论，认为制造企业选择服务化战略对企业绩效存在显著的负效应。盖鲍尔（Gebauer）等人最早发现了服务化的负面作用，并提出了"制造企业服务化悖论"，即为了扩展服务业务持续增加相关投资，导致成本增加，但是并没有带来预期的高收益和回报。尼利（Neely）基于OSIRIS数据库中来自25个国家1万多家制造企业的数据，发现服务型制造企业的销售收入要大于传统制造企业，然而其利润水平较低，因为服务化企业需要更高的运营成本及向工人们支付更高的劳动力成本。马莱雷特（Malleret）认为制造企业提供产品与服务并不一定能保证企业获利，企业实施服务化战略的同时还受到管理环境的影响。卡斯塔利（Kastalli）和范·卢伊（Van Looy）认为服务化对企业绩效产生负向影响的原因主要包括两个方面，一是因为企业实施服务化战略需要额外的投资以保证提供服务所需的相应资产；二是因为服务化战略实施使得制造企业需要对原有的业务和组织进行调整，剥离一部分的业务和资源，因此战略调整对企业短期利润产生影响。

对于制造企业的服务化悖论问题，国内文献基于中国企业数据展开了研究。李靖华等人基于5个行业的制造企业数据进行实证检验，发现企业的服务化水平与企业经营绩效存在马鞍形的曲线关系，即当制造企业处于服务化水平较低和较高的两个阶段时，服务化水平能够促进企业绩效增加，在中间阶段存在悖论，并且对中国制造企业的服务化悖论原因进行了解释。肖挺基于中国制造企业数据，将制造企业服务划分为产品导向型和消费导向型，并且提出衡量企业服务化水平的广度与深度指标，企业所开展的服务业务类型总数能够反映企业服务化的广度，而企业提供的服务业务总量数可以作为衡量企业服务化深度的指标，实证检验结果发现企业的服务广度存在服务化悖论，而服务的深度与企业绩效之间并不存在悖论关系。

1.1.4 相关文献的评述

通过对现有研究进行梳理，主要研究内容集中在以下三个方面：第一个方面，是文献成果最为丰富的部分，主要集中于对服务型制造的相关研究，即对制造企业服务化转型之后的状态进行研究。通过定性分析服务型制造的竞争优势与运行机制，从理论上阐述服务型制造企业的好处及区别于传统制造企业的新的企业运行模式。第二个方面，从企业创新的角度认为制造企业服务化是一种服务创新，重点对于企业服务创新的内涵、衡量指标及企业服务创新的模式展开讨论，仍然局限于定性分析。第三个方面，关于制造企业服务化的研究，一部分研究为行业层面，讨论制造行业服务化转型的趋势及重要性；另一部分则重点关注制造企业服务化战略对于企业绩效产生的影响，这部分研究多数为来自不同国家样本数据的实证研究。然而，经验研究的结论并不一致，一部分研究认为制造企业服务化能够显著地促进企业绩效的提升，另一部分研究则围绕"服务化悖论"进行验证，认为制造企业实施服务化战略不但没有提高企业的绩效反而降低了企业的收入和利润。从现有研究来看，主要存在以下三个方面不足。

首先，缺乏对于企业实施服务化战略动机及服务化转型驱动机制的讨论。从现实情况来看，并不是所有的制造企业都实施了服务化战略，而且各国各工业行业的服务化转型比例也存在较大差异，那么哪些制造企业适合服务化转型、具备哪些特征的制造企业会选择服务化战略、为什么这些企业会选择实施服务化战略？目前的研究并没有对此进行充分的解释。弄清楚制造企业服务化的根本驱动因素和协同机理，才能更好地促进制造企业服务化转型，那么现有研究对转型后的服务型制造企业更有指导意义。

其次，多数研究集中于定性分析，缺乏理论模型和实证检验方面的研究。现有研究主要讨论的是制造企业服务化战略实施之后的相关研究，很少有研究采用理论模型进行分析，即使在对企业绩效的实证研究中，也只是根据企业的经营效益展开定性的解释，对于制造企业选择服务化战略的驱动机理，缺乏基于对模型构建和推导展开的理论分析。对于每一种影响因素及各因素之间的协同作用，需要一个合适的理论研究框架展开讨论，并且要考虑到企业特征和行业属性变量对企业服务化选择的协同影响。

在有限的实证研究中，数据多来自调查问卷等形式，而且样本数据集中于某一个行业或地区。国外的实证研究较为丰富，国内关于制造企业服务化的相关研究中，实证研究非常少，而且大部分文献的数据均来自调研或问卷调查。受限于数据的来源，大部分研究仅局限于一个城市或省份，或者选择某一个行业，缺少对于来自多个制造行业的大样本数据经验研究。中国制造业原有的低附加值、高能耗、高污染、高社会成本的发展模式难以为继，而服务型制造所具有的资源整合、价值创造、知识创新、个性化定制等特性使其具有显著的优势。在中国制造业转型升级的关键时期，如何推动中国制造企业服务化转变，以摆脱低利润的经营困境，增加产品附加值，提高企业市场竞争力，是需要解答的问题，也是近年来国内外学者关注的焦点。目前，国内外此类相关研究主要集中于对制造企业服务化的服务型制造模式或产品服务系统的研究，缺乏对于制造企业向服务化转型的动力和机制的研究。

最后，在现有的制造企业服务化转型成功案例中，基本上是少数的国际知名大企业，缺乏贴合国情的中国企业成功转型的案例研究。此外，制造企业的企业特征与行业属性均存在明显的差异，研究服务型制造的优势及如何运行，对于制造企业向服务化转型并没有足够说服力。而且，传统制造企业向服务化转型，提供产品与服务需要在组织、生产、人员与管理等方面均做出较大的调整。区别于传统制造行业，服务型制造产品的价值一方面来自产品本身，另一方面则来自给用户提供的服务。由于服务具有无形、不可存储等特点，服务价值蕴含在用户的参与和体验过程中，其具体价值取决于顾客的感知和判断。由于其特殊性，服务型制造企业的生产过程更加复杂和多变。企业考虑到经营风险，不会轻易选择实施服务化战略。

因而，在全球制造业服务化转型及中国政府积极政策支持的背景下，只有从根本上分析制造企业服务化的驱动机理，了解来自企业内部与行业层面各动力因素的影响与它们之间的协同作用机制，才能更有针对性地推动中国制造企业向服务化转型。为了促进产业的发展，通常会出台相应的产业政策扶持产业快速发展。然而从微观企业的角度来说，这种短期利益的激励并不一定能够产生预期的效果，对于企业来说，只有长期的发展和利润最大化是企业的目标。

因此，本书选择从市场竞争角度构建理论模型，比较分析传统制造企业是否服务化的选择；并且采用微观企业层面数据对制造企业服务化的驱动机理进行实证检验；接着采用具有代表性的中国制造业国企服务化转型的成功案例，使理论研究与现实问题紧密结合，有助于发现和理解中国制造企业服务化的根本驱动因素及作用机理，进而更好地促进传统制造企业的服务化转型。本书重点研究制造企业服务化的驱动机理和实现路径，不仅能够对传统制造业转型及服务型制造生产模式等相关研究提供理论支撑，而且对于解决中国制造企业实践过程中如何推动向服务化转型问题具有重要的现实意义，实现在新一轮科技革命和产业变革的契机下，加速推动中国制造企业向服务化转型，抢占全球战略性新兴产业和先进制造业的制高点。

1.2 制造企业服务化的发展现状

1.2.1 中国制造企业的发展现状

制造业是国民经济的物质基础和工业化的产业主体，是社会进步与富民强国之本。改革开放以来，我国制造业获得了快速发展。根据国家统计局数据，我国的制造业增加值已经从 2000 年的 3849.4 亿美元上升到 2017 年的 35909.8 亿美元，超过同年美国 21605.6 亿美元，世界排名第一。在联合国全部 19 大类制造业行业中，中国有 18 个大类超越美国成为世界第一。如今，中国制造业总产值（2017 年数据）全球占比达到 35%，是美国的 2.58 倍。中国已经进入了新型工业化成熟期阶段。

在全球制造业发展变革的背景下，中国制造业快速发展的背后，也面临着更为严峻的挑战。除产品同质化严重、产能过剩等众所周知的问题之外，中国制造尚处于全球价值链生产的低端环节。"世界工厂"给人们留下的印象都是"逆向工程"和"山寨模式"。因此，制造业附加价值不高、信息化程度较低、行业高端人才欠缺等问题也日益凸显。

（1）附加价值方面

附加价值是在产品原有价值的基础上，通过生产过程中的有效劳动新创造的价值。发达国家更为关注价值链高端环节，而我国制造业多数处于价值链低端环节，主要通过加工、装配和一般性服务实现增值，缺少研发、设计、营销和产品服务环节。造成这种现象的原因，一是我国制造业起点低，发展时间短，自主研发能力弱，"卡脖子"的核心技术仍被国外垄断，大型成套设备、集成电路等高技术含量产品或核心部件还需依靠进口。二是我国制造业结构偏轻，从产业竞争优势上看，依靠中低技术和劳动密集传统产业比重较高，这些行业的产品附加值往往较低；而计算机、通信和其他电子设备制造业等技术密集型和高附加值的新兴产业在竞争中处于劣势，发展缓慢。

（2）信息化建设方面

信息化建设是支撑各项生产任务开展的基础，与制造企业技术创新能力和日常经营管理相关度高。制造业信息化建设程度较低的主要原因，首先是智能制造发展理念缺失，使创新生产技术引入和智能化生产规划出台后，基层员工由于过度依赖工作经验而本身技术水平不足，在具体操作阶段无法科学评估技术和个人能力，从而影响了规划落实，也阻碍了团队素质提高和技术创新。

其次是信息化管理制度不完善。在经营管理过程中，信息化管理制度也是各项生产计划落实的基础。制造企业在日常经营管理过程中，并没有从信息化角度对相关制度进行完善，存在严重的制度不完善问题。由于如今的制造企业将管理重点侧重在产品质量提升层面，对信息化管理制度不够重视，使得在此基础上开展的各项智能制造生产任务由于缺乏相关制度的规定而受到限制，导致生产任务开展过于混乱，难以达到预期的管理效果。

最后是信息数据库缺乏维护与更新。智能化生产需要在完善的数据信息库支持下进行，所以信息数据库系统需要定期更新与维护。当前，虽然某些制造企业已建立数据库，但由于更新不及时，导致数据库中的信息与实际生产任务并不能匹配。在这样的信息环境下开展各类生产任务，很容易出现数据误差，最终影响到产品质量，甚至可能因为使用错误的数据库信息而造成更为严重的后果。

（3）人力资源方面

人才是国家实力的基础。制造业发展的人才短缺问题主要体现在三个方面。一是制造领域高端人才引进和培养不够，高端人才相对匮乏，现今制造业从业人员大多综合能力和创新能力较弱，导致原始创新能力不足，研究多数以复制和跟踪为主。二是人才结构不尽合理，熟悉企业发展和产品开发的人才匮乏，制造创新链下段的创新性不足。三是熟悉国际审批监管法规、知识产权法规的人才不足。这些都间接影响了中国制造进入国际市场。

另外，中国制造行业的劳动力成本和资源优势正在逐渐减弱，再加上世界货币市场的复杂多变，近年来制造企业的生产成本逐年攀升，经营风险越来越大。在全球产业分工环节中，随着印度、巴西等国家低劳动力成本市场的新崛起，中国制造企业正面临着被替代甚至淘汰的命运。

1.2.2 制造企业的服务化水平分析

基于 Wind 数据库，在全部 A 股 3171 家上市公司中，属于制造业的企业共有 2057 家，占比为 64.87%。选择制造业全部上市公司，所属证监会行业代码为 13~42。从制造业上市公司的成立时间来看，最晚成立的时间是 2009 年，而一部分上司公司 2016 年的年报还未披露，为了保证数据的连续性和完整性，本书选择 2011—2015 年数据，获得平衡面板数据。

关于主要变量制造企业是否选择了服务化的衡量，参考肖挺和维斯尼奇（Visnjic）等人的研究，根据上市公司的经营范围进行确定，如果经营范围中包括"服务"内容，则认定该企业属于服务化制造企业。例如，美的集团（000333.SZ）的经营范围中包括"信息技术服务、为企业提供投资顾问及管理服务、家电产品的安装、维修及售后服务"；中国中车（601766.SH）的经营范围包括"产品的研发、设计、制造、修理、销售、租赁与技术服务"。然而，一部分企业的经营范围并不包含服务内容，例如本溪钢材（000761.SZ）的经营范围包括"废旧金属（含有色金属）加工、购销，钢铁冶炼、压延加工、产品销售，特钢型材、金属加工，货物及技术进出口（国家禁止的品种除外，限制的品种办理许可证后方可经营），计器仪表、机电设备、钢材销售，工业新产品、新工艺、新技术研究，高炉瓦斯灰及废油回收（危险品除外），危险化学品生产，煤炭批发经营，炼铁炉料加工，废旧物资购销，化肥销售"；贵人鸟（603555.SH）的经营范围是"从事鞋、服装的生产，研究及批发；体育用品、运动防护用具、皮箱、包、袜子、帽的研发及批发（以上商品进出口不涉及国营贸易、进出口配额许可证、出口配额招标、出口许可证等专项管理的商品）；体育赛事的活动组织及策划咨询、体育营销、赛事推广、体育信息咨询"。根据以上分析，对企业是否实施服务化进行分组。如果上司公司的经营范围包括服务，那么则认为该企业为服务化制造企业，是否服务化变量为1；如果上司公司不是服务化制造企业，则该变量为0。对制造业上市公司的服务化情况进行统计分析，见表1.1。

表1.1　2015年制造业上市公司服务化比例按行业统计

代码	行业名称	制造业上市公司总数/家	上市服务化制造企业数量/家	占比/%
13	农副食品加工业	43	23	53.49
14	食品制造业	39	20	51.28
15	酒、饮料和精制茶制造业	44	16	36.36
17	纺织业	46	22	47.83
18	纺织服装、服饰业	32	19	59.38
19	皮革、毛皮、羽毛及其制品和制鞋业	9	7	77.78
20	木材加工及木、竹、藤、棕、草制品业	9	2	22.22
21	家具制造业	17	9	52.94
22	造纸及纸制品业	29	12	41.38
23	印刷和记录媒介复制业	11	5	45.45
24	文教、工美、体育和娱乐用品制造业	11	6	54.55
25	石油加工、炼焦及核燃料加工业	18	11	61.11
26	化学原料及化学制品制造业	214	115	53.74
27	医药制造业	181	86	47.51
28	化学纤维制造业	21	5	23.81
29	橡胶和塑料制品业	64	18	28.13
30	非金属矿物制品业	84	50	59.52
31	黑色金属冶炼及压延加工	34	23	67.65
32	有色金属冶炼及压延加工	65	25	38.46
33	金属制品业	58	31	53.45
34	通用设备制造业	128	76	59.38
35	专用设备制造业	186	123	66.13
36	汽车制造业	109	59	54.13
37	铁路、船舶、航空航天和其他运输设备制造业	41	26	63.41

代码	行业名称	制造业上市公司总数/家	上市服务化制造企业数量/家	占比/%
38	电气机械及器材制造业	204	142	69.61
39	计算机、通信和其他电子设备制造业	292	209	71.58
40	仪器仪表制造业	43	37	86.05
41	其他制造业	21	7	33.33
42	废弃资源综合利用业	4	3	75.00
	合计	2057	1187	57.71

在 2057 家制造业上市公司中，服务化制造企业共有 1187 家公司，占比为 57.71%；不提供服务的制造企业共计 870 家，占比为 42.29%。按照行业二位数代码进行划分和统计，具体结果见表 1.1。其中，服务化比例最高的行业是仪器仪表制造业，为 86.05%；服务化企业占比最低的行业是木材加工及木、竹、藤、棕、草制品业，仅为 22.22%。29 个制造行业中，共有 12 个制造行业的服务化企业占比超过平均值 57.7%。根据行业的要素密集度可以将制造业行业分为劳动密集型、资本密集型和技术密集型：

（1）劳动密集型行业包括农副食品加工业、食品制造业、饮料制造业、烟草制品业、纺织业、纺织服装、鞋、帽制造业、皮革、毛皮、羽毛（绒）及其制品业、木材加工及木、竹、藤、棕、草制品业、工艺品及其他制造业；

（2）资本密集型行业包括家具制造业、造纸及纸制品业、印刷业和记录媒介的复制、文教体育用品制造业、石油加工、炼焦及核燃料加工业、橡胶制品业、塑料制品业、非金属矿物制品业、黑色金属冶炼及压延加工业、有色金属冶炼及压延加工业、金属制品业；

（3）技术密集型行业包括化学原料及化学制品制造业、医药制造业、化学纤维制造业、通用设备制造业、专用设备制造业、交通运输设备制造业、电气机械及器材制造业、通信设备、计算机及其他电子设备制造业、仪器仪表及文化、办公用机械制造业。

按照以上划分标准，在制造业上市公司中，属于劳动密集型的上市企业共有 222 家，其中服务化企业数量为 109 家，占比 49.10%；属于资本密集型的上市企业共有 391 家，其中服务化企业数量为 190 家，占比 48.59%；属于技术密集型上市企业共有 1440 家，其中服务化企业数量为 885 家，占比 61.46%。从以上三组数据的比较可知，在中国制造业上市企业中，技术密集型企业最多，达到 70%，并且在技术密集型企业中选择服务化的企业比例超过平均水平，达到 61.46%。也就是说，74.56% 的服务化企业均属于技术密集型企业。

按照省份划分进行统计和分析，具体结果见表 1.2。其中，北京市的服务化企业数量占比最高，为 82.24%；西藏自治区的服务化企业数量占比最低，仅为 25%。东部沿海地区的上市公司服务化占比相对较高，如北京、天津、河北、上海等。在 31 个地区中，共有 14 个省份的服务化企业占比超过平均值 57.7%。然而，在一些地区虽然上市公司数量较多，服务化制造企业占比并不高，如广东省有 343 家制造业上市公司，占全国总数的 16.7%，实施服务化的制造企业数为 180 家，比例为 52.48%，低于全国的平均水平。

表 1.2 2015 年制造业上市公司服务化比例按地区统计

地区	上市制造业企业总数/家	上市服务化制造企业数量/家	占比/%	地区	上市制造业企业总数/家	上市服务化制造企业数量/家	占比/%
北京	107	88	82.24	湖北	63	48	76.19
天津	25	18	72.00	湖南	58	33	56.90
河北	41	28	68.29	广东	343	180	52.48
山西	23	13	56.52	广西	20	10	50.00
内蒙古	18	10	55.56	海南	9	6	66.67
辽宁	46	26	56.52	重庆	27	14	51.85
吉林	26	11	42.31	四川	73	49	67.12
黑龙江	22	15	68.18	贵州	16	9	56.25
上海	134	91	67.91	云南	20	10	50.00
江苏	254	145	57.09	西藏	8	2	25.00
浙江	270	130	48.15	陕西	27	20	74.07
安徽	69	28	40.58	甘肃	20	12	60.00
福建	68	39	57.35	青海	9	6	66.67
江西	30	19	63.33	宁夏	9	4	44.44
山东	138	71	51.45	新疆	23	16	69.57
河南	61	36	59.02	总计	2057	1187	57.71

按照企业所有权类型划分进行统计分析，具体结果见图 1.1。根据 Wind 数据库，各上市公司的企业属性分为 7 种所有权性质，对每种企业性质下的企

业总数与服务化企业数量进行统计，服务化企业占比的数值标于每组柱形图上方。在所有制造业上市公司中，民营企业数量最多，共有 1348 家，占比为 65.5%。相应的，民营企业中服务化企业数量最多为 729 家，然而占比并不是最高的，其比例仅为 54.08%，低于国有企业的服务化企业比例。在 204 家中央国有企业中，服务化企业数为 149 家，占比高达 73.04%；在 315 家地方国有企业中，服务化企业数为 197 家，占比为 62.54%。而 73 家外资上市公司中，其服务化企业数为 37 家，占比仅为 50.68%，低于平均水平。

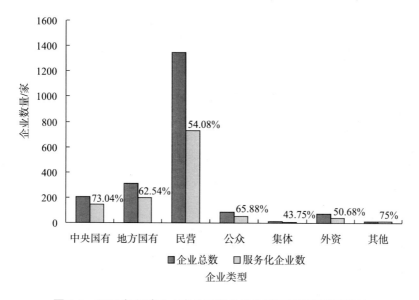

图 1.1 2015 年制造业上市公司服务化比例按所有权类型统计

1.3 制造企业服务化的必然趋势

1.3.1 制造企业服务化机遇与挑战

（1）企业进行服务化转型的时代机遇

随着经济全球一体化和科学技术水平的快速发展，制造业在复杂的内外部环境变化影响下，其内涵和形式正面临一场全球性的变革。一方面，制造行业内部的市场需求发生显著变化：消费者的消费行为从过去仅追求产品功能，到如今在产品功能基础上更关注产品的个性化特征、消费体验与心理满足等；另一方面，制造业所处的外部经济和社会环境不断变化：全球人口规模快速增长、自然资源衰竭、环境污染等问题日益严重，制造业企业的生产开始兼顾经济、社会和生态效益。

正是在这样的现实背景下，部分制造企业为了获得市场竞争优势、实现更好的发展，从原来仅生产工业制造品逐渐转变为开始提供一体化的产品与服务，而且生产的产品与提供的服务通常是不可分割的。制造企业这种生产方式的转变被称为制造企业"服务化"（servitization）。全球制造业的发展正呈现出从以生产制造为重心逐渐转变为以服务化为重心的趋势。这一变化导致制造业的价值分布从制造环节开始向服务环节转移，产品研发、产品改进、销售与售后维护、回收等服务性活动在制造企业生产经营活动与利润收入中所占比重越来越大。

近年来，随着产品科技含量提高，技术升级换代速度加快，企业用户等对产品的专业化服务需求日益强烈，需要制造企业提供更多形式的附加服务。信息技术的发展使得服务型制造企业为用户提供服务更加的便利，例如，可以利用在线监测技术为用户提供故障诊断、远程维修等服务。制造企业服务化开始出现多种新的趋势和方向，包括个性化定制、提供成套设备与后续配套设备、对客户使用产品的人员进行培训、提供金融服务与租赁服务等。

此外，中国政府还从政策层面明确了要促进制造企业服务化的导向。在《中国制造2025》中清楚提出了要促进中国制造业由生产型制造向服务型制造的转变。随后的2016年中华人民共和国工业和信息化部（以下简称工信部）发布的《发展服务型制造专项行动指南》更是为服务型制造指明了具体的方向。关于制造企业服务化的政策梳理相关内容将在第7章中加以详细阐述。

（2）制造企业服务化面临的挑战

在面临机遇的同时，发展制造业服务化也必然会给企业带来挑战。第一，企业需要明确服务向加工制造的什么方向拓展，以及制造企业采用何种方式拓展服务内容。第二，在制造业服务化模式下，企业如何将这些服务与产品有效集成，使传统的产品系统发展成为集产品和服务于一体的产品服务系统。第三，基于客户参与到产品服务的设计、生产、使用和服务过程的模式下，企业如何搭建顾客需求信息平台，创设顾客全程参与的有效交互途径和方式，有效地管理顾客关系、需求和期望。第四，在定制化生产模式下，企业如何以高效率、低成本向顾客提供个性化的产品服务。第五，企业需要建立产品服务管理体系，如制造业服务化模式下产品、服务或产品和服务的质量度量、交付与定价的方式方法，产品服务系统的实施过程与运作效率管理，服务质量的评估与监控等。第六，企业还要面对整合企业供应链资源，建立统一的制造规范和有效的联盟合作机制，以形成协同、高效、有序的服务型制造网络的挑战。

1.3.2 制造企业服务化的现实意义

制造企业实现服务化，即从制造企业转变成为服务型制造企业。服务型制造是制造与服务融合发展的新生产模式，既是基于制造的服务也是面向服务的制造。制造企业通过进行生产组织形式、运营管理方式与商业模式创新等，延伸产品服务的链条，提供"生产+服务"，最终实现价值增值，提高企业在市场上的竞争力。传统制造业以生产制造产品为主，从事的服务活动基本上仅限于产品的安装、调试、维修等。随着制造业产品复杂程度的提高，一些企业用户需要制造企业提供更全面、深入的服务。如汽车制造厂不仅需要从机床厂购买设备，而且更需要对汽车制造生产线进行专属设计，以及机床耗材供应与机床维护等服务。

服务型制造企业通过延伸其服务体系实现增值服务。从本质上看，服务型制造是通过增加服务使产品给消费者带来更大的价值，但是其基础仍然是高质量的产品，因而不能单纯地"去制造化"。只注重服务，会导致产品技术水平不高，制造产品很容易被其他产品替代，企业难以具有市场优势；反过来，制造产品再好、技术水平再高，不能提供相关服务，也难以得到客户的肯定和认可。因而，对于制造企业服务化选择来说，重视服务的同时保证产品质量是现代制造企业提升国际竞争力的必然选择。

经过改革开放40多年的快速发展，得益于劳动力成本低、自然资源丰富及国家政策的支持，我国已经成为制造大国，国内制造企业也为我国的"世界工厂"称号立下了汗马功劳。但取得辉煌成就的背后不仅付出了诸如资源浪费、环境破坏、产业结构不合理等高额的代价，还面临处于全球产业链的低端、技术创新能力不足、产品附加值不高，缺乏核心竞争力等困境，这种发展模式微观上使得企业利润薄弱，难以为继，宏观上使得国家整体的竞争力不强，资源和能源消费过大。

同时，随着我国逐步进入经济转型升级的关键期，如何实现传统的制造转型升级，从制造大国走向制造强国，已经成为实现经济社会可持续发展的瓶颈。因此，企业不能陶醉于现有成绩，而应该多多反思，充分利用当前日益发展的"互联网＋"、物联网、大数据、云计算等先进的科学技术，逐步由低附加值的生产型制造向高附加值的服务型制造转变，尽快优化产品结构，提升产品附加值，推动研发创新，逐步向技术、服务等高端环节过渡，这是推动实现传统制造转型升级、增强中小制造企业核心竞争力的必然选择。

可以说，向服务化转型成为了中国制造企业一种新的选择和出路。制造企业可以通过提供产品和多元化的服务，更好地满足消费者需求，获得新的市场机遇。制造企业服务化作为全新的一种战略模式，不仅可以使消费者获得更好的产品与服务体验，同时也可以为制造企业带来更多的经济效益，而且更有利于实现社会和环境效益。

1.4　本章小结

本章首先对现有研究进行综述，就其他学者对服务型制造、服务创新和制造企业服务化的研究成果进行梳理，并对梳理结果进行评述，指出现有文献的三点不足，即缺乏对于企业实施服务化战略动机及服务化转型驱动机制的讨论；多数研究集中于定性分析，缺乏理论层面的研究；在有限的实证研究中，数据多来自调查问卷等形式，而且样本数据集中于某一个行业或地区。然后从正反角度对中国制造企业现状进行概述，并选择 2015 年中国制造业上市公司数据，分别按行业和地区制作了制造业上市公司服务化比例统计表，对中国制造业企业的服务化水平进行分析。最后为了说明服务化是企业发展的必然趋势，对当代制造企业服务化面临的机遇与挑战，以及企业向服务化转型的现实意义进行阐释。

由此得出，在积极的政策鼓励和扶持下，中国制造业由生产型制造向服务型制造转型成为新的重要趋势。但是要真正实现中国制造企业向服务化转型，仍然需要市场和经济效益的驱动。那么，制造企业服务化到底能给企业带来什么？企业是否能从服务化转型中获取利益？考虑到企业特征与行业属性对制造企业服务化存在协同作用，本书将从企业特征与行业属性协同作用的新视角，探究制造企业服务化的驱动机理和实现路径，从根本上剖析和解释中国制造企业向服务化转型的原因、动力和实现路径。

2　制造企业服务化的理论基础

2.1　制造企业服务化的概念界定

2.1.1　制造企业服务化的内涵

虽然学术界关于制造企业服务化未能给出统一的定义，但是不同的定义方式都将服务和产品联系起来进行探讨。在制造业中，产品是指典型的材料人工制品（如汽车、轮船、飞机等）；而服务的内容则更加广泛，产品的维护、保养、售后等，以及任何不会导致有形资产所有权变化的经济活动都可以称为服务。企业为了获取竞争优势，在产品中增加服务来创造价值这一过程和趋势称为服务化。从现有研究来看，制造业服务化可以根据其程度划分为服务化、服务增强和第三产业化三个方面内容。

范德梅尔韦（Van Der Merwe）和拉达（Rada）最早提出企业在竞争市场中服务化的重要性。基于对制造企业和服务业高管的访谈，他们发现企业通过增加服务来提升企业价值已成为一种趋势，服务化成为世界经济的主导并且成为公司战略决策的重要方面。并且指出服务化的进程包含三个阶段，第一阶段是产品或者服务；第二阶段是产品和服务；第三个阶段是将商品、服务、支持、自主服务和知识等打包作为一个整体，客户需求推动企业服务化的进程，服务化成为企业保持竞争力的重要方式。卡伦伯格（Kallenberg）和奥利瓦（Oliva）认为制造企业应该将服务整合在他们的核心产品中，并且分析了三个方面的原因：服务化伴随着产品的整个生命周期，与之相伴的是更多的收益，一般来说，与产品相比，服务能够获得更高、更加稳定的收益；服务化也是为了满足客户的需求，增加技术的复杂性和专业化的驱动力；服务因其不易得到和对人力的依赖性强使得难以被模仿，是公司维持核心竞争力的重要环节。

虽然服务化对公司而言非常重要，但是制造企业（如通用电气公司、奥的斯电梯公司和卡特彼勒公司等）服务化的进程大都比较缓慢和谨慎。因为服务化需要克服很多障碍，企业对服务的经济潜力持怀疑态度，一个设计几百万元设备的工程师很难对价值一万元的清洁保养感兴趣；即使公司意识到服务的市场潜力，但是企业目前的状况只具备设计、制造能力而不能提供长期的售后服务；当企业决定进入服务领域后，其服务战略也可能是不成功的，例如福特汽车公司的售后服务被其独立经销商网络阻碍。尼利指出制造业在发达国家中面临着巨大的压力，为了寻求创新提供更加有竞争力的产品，制造企业提供了各种形式的服务，包括咨询服务、设计和开发服务、金融服务、安装调试、维护和支持及运输和货运服务等。制造业服务化受到当地经济环境的影响，在经济越发达的地区，制造业服务化的程度越高。随后尼利和贝内蒂尼（Be-nedetinni）等又使用数据证明了制造业服务化在全球的发展趋势，30%以上的制造业企业在全球有超过 100 名员工提供服务，而且国家之间制造业服务化的差距正在缩小。2007 年美国 58% 的制造业企业提供服务而当时中国只有 1%；2011 年美国的这个比例下降到 55% 而中国提供服务的制造业企业增长到了20%，这说明中国逐渐不再是只提供低附加值制造活动的世界工厂。任（Ren）和格雷戈里（Gregory）认为服务化是一个动态的过程，制造企业为了满足客户的需要，保持竞争优势和提高公司业绩开发的服务项目。沃德（Ward）和格拉韦斯（Graves）认为服务化是指制造企业提供的一系列增加产品价值的服务。烈兹美特（Desment）等认为服务化是制造企业将越来越多的服务增加到产品中的一种倾向。图 2.1 展现了制造企业实现服务化的一般路径和方式，以及服务化最终达到的状态。企业由为消费者提供产品向提供一整套解决方案转变。

国内学者对制造业服务化的研究相对较晚，周大鹏认为在制造业转型升级的过程中，制造业内部演化出服务业，无形资产对企业价值的创造日趋显现，制造业提供越来越多的服务活动，服务化使得产品种类增加，服务中间投入可以显著提高产出。制造业服务化使得制造业和服务业之间的界限变得模糊。简

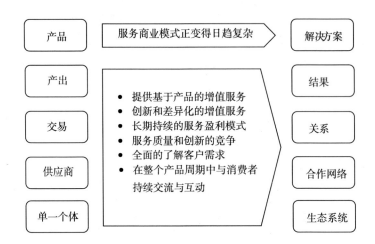

图 2.1　制造企业服务化转型的图示

兆权等认为在全球经济由"工业型经济"向"服务型经济"转变的过程中，制造企业不仅要加强自身的核心技术，更要提高服务客户的能力，实现制造业服务化才能进入产业链的高端、推动制造业的转型升级，保持企业的可持续发展，增强企业的竞争能力。

如表 2.1 所示，江恩（Gann）和索尔特（Salter）认为企业的创新来源于服务增强（service - enhanced）。以项目式企业为例，服务增强的内容包括金融交易结构、规划和设计、专家咨询、客户支持和培训，供应链协调，风险管理及与项目相联系的法律、环境等因素。萨拉维兹（Szalavetz）提出了第三产业化（tertiarization）的概念，在"新"经济体中，新的商业环境和竞争条件使得制造业和服务业之间的边界变得模糊，传统的确定企业有竞争力的因素（如生产效率）已不再适用，品牌等无形资产和全面的相关服务成为决定企业价值的重要方面。笔者认为制造业的第三产业化包括两个方面的内容：一是企业层面服务的效率，不仅包含技术和人力资源的因素，还包括产品的开发、设计、物流、价值链管理等；二是客户服务层面，不仅包括产品的维护和修理，还包括融资购买、运输、安装、系统集成、技术咨询和业务支持。藤本润（Jun Fujimoto）等认为第三产业化是目前制造企业的一种趋势，企业为了实现可持续发展、减少资源消耗、产品被社会接受和提高企业利润的目标，朝着生产以服务为导向的产品（service - oriented product）方向发展。

表 2.1 服务化定义

作者	定义
范德梅尔韦和拉达（1988）	服务化是商品、服务、支持、知识等的"包"
江恩和索尔特（2000）	金融交易结构、规划和设计、专家咨询、客户支持和培训，供应链协调，风险管理及与项目相联系的法律、环境等
卡伦伯格和奥利瓦（2003）	服务化可以保持公司的竞争优势但是多数公司的服务化进程是缓慢和谨慎的
萨拉维兹（2003）	品牌等无形资产和全面的相关服务成为决定企业价值的重要方面
尼利（2007）	咨询服务、设计和开发服务、金融服务、安装调试、维护和支持及运输和货运服务
任和格雷戈里（2007）	为了满足客户需要、保持竞争优势和提高公司业绩开发服务项目的动态过程
沃德和格拉韦斯（2007）	制造企业提供的一系列增加产品价值的服务
烈兹美特等（2013）	将服务增加到产品中的一种倾向

2.1.2 其他相关概念

从国内外现有研究来看，服务型制造的概念可以从不同的角度进行表述。从内涵上来说，服务型制造是指基于制造的服务与面向服务的制造相融合。从具体的表现形式来看，服务型制造提供产品和服务的对象包括中间企业及最终消费者。从组织形态来看，服务型制造表现为制造企业向服务领域拓展，增加服务环节；或者说服务性企业向制造领域拓展。从属性特征来看，服务型制造具有整合资源、价值增值与服务创新三大属性。

李刚等人认为服务型制造主要由三部分内容组成，分别为生产性服务、服务性生产及全程参与的消费者。生产性服务是指非最终消费服务，可以进一步用于商品和服务生产的，包括管理咨询、法律、人力资源、金融、会计、运输、通信等方面。服务性生产是实现产品的合作制造过程，包括零部件制造与加工、整机装配、成品存储与运输、市场营销、售后服务等流程。消费者参与服务型制造的整个过程，成为制造企业的"合作生产者"，与制造企业互相合作、实现产品系统的创新与个性化服务。

服务型制造也被称为"产品服务系统"。戈德库普（Goedlkoop）等提出产品服务系统是可以满足顾客与用户需要的一系列产品与服务的集合。图克（Tukker）将产品服务系统定义为满足顾客的特定需求将有形产品和无形服务的组合，多数学者都将产品服务系统作为提高企业竞争力和促进可持续发展的重要工具。产品服务系统要求企业满足三个条件，为了让客户集中于核心业务，制造企业的产品应以集成和定制的方式满足客户的需求；能与客户建立"特殊"的关系，提供客户的忠诚度和满意度；能够迅速地完成产品更新来适应客户新的要求。这样还可以减少消耗，最大限度地降低生产者和消费者在产品生命周期中的成本。

产品服务系统的主要内容包括八个方面：①与产品相关的服务。要求产品在技术和使用方式上仍然要保持创新，维修和回收方面需要更有效率，这些方式都能增加产品的价值。②建议和咨询。来自产品服务系统的供应商的建议和咨询能够降低产品的额外成本。③产品租赁。此种情形下供应商仍有责任提供产品的维护、维修和控制服务，以此增加产品寿命，减少消耗，但如果产品租赁的企业和供应商不是一家公司，租赁企业没有足够的动机提供相应的服务时，产品的寿命可能会降低。④产品出租和共享。这种方式可以增加产品的使用频率，减少浪费，对环境保护产生积极的影响（例如公共交通就是汽车出租和共享的一个重要组成部分）。⑤产品池。产品池意味着很多用户同时共用同一种产品（如拼车），这就更加降低了使用和维护成本。⑥管理活动或外包。这种方式的受益来源于人工成本的降低而不是原材料成本的降低。⑦支付单位使用成本。一方面，这种方式要求产品服务系统的供应商对产品整个生命周期负责，因此可以有效地激励供应商优化产品的设计，提高产品性能和质量；另一方面，产品服务系统的使用者对服务的要求也更高。⑧功能结果。在此情况下供应商通常以最具成本效益的方式获取创新。贝恩斯（Baines）等则认为产品服务系统是制造业服务化的一种形式，是集成产品和服务的组合，其内涵包括服务导向战略、环境可持续性等。企业需要识别客户关注的内容，据此配置产品、技术、操作和供应链支持，除此之外，售后支持、培训、融资建议也是必不可少的。在产品服务系统中，根据行业类型、顾客需求、技术条件与企业财务状况的不同，产品与服务各自所占比重有所不同。从用户需求的角度可以将产品服务系统分为：面向产品的产品服务系统（product oriented - PSS）、面向使用的产品服务系统（usage oriented - PSS）与面向解决方案的产品服务系统（solution oriented – PSS）。

面向产品的产品服务系统，用户更加关注的是产品，而企业在出售产品的同时提供与产品功能相配套的一些附加服务，以保障产品在一定时间内的效用。例如霍尼韦尔公司在出售飞机引擎的同时，为用户提供其开发的管理系统，能够对引擎故障进行自动检测，给用户提供了更好的产品保障。面向使用的产品服务系统，用户购买的主要是产品的使用权或者服务。例如惠普公司提供的一种打印服务，用户无须购买打印机、相关配件或耗材等。面向解决方案的产品服务系统，用户关注的是个性化的解决方案，以保证产品使用的结果。例如陕鼓集团提供的"TRT"大型成套项目，将自己的产品与配套设备、设施、厂房等一起设计生产完成后采取"交钥匙"工程。

顾新建等认为由于不同的客户对产品的需求不同，产品服务能够更好地促进产品创新和增强企业的竞争力，产品服务系统应运而生。产品服务系统将会导致产品设计方法和企业管理模式的深刻变革，同时产品和服务本身也处于动态变化之中。赵馨智等认为产品服务系统将服务与复杂的工业产品集成，并且由于面向产品的整个生命周期延伸了生产者的责任，在满足客户需求的同时实现了产品的价值增值。林文进等人根据传统制造业向服务型制造的演变过程，将服务型制造分为五种类型。第一种类型是制造业最初只出售单一的产品，通过从自然界获得资源经过生产工艺流程进行加工和制造，最后在市场上出售产品，产品所有权通过市场交易转移给消费者，企业获得市场价值（如食品、饮料等产品的制造）。第二种类型与面向产品的产品服务系统较为类似，不仅出售产品，并且为了保障产品的正常使用需要提供与产品功能相配套的服务。例如洗衣机和空调等产品，提供送货、安装、维护与维修保养等相关服务。第三种类型是基于产品功能销售捆绑的服务，利用产品功能实现或搭载相应的服务，产品只是服务的一个载体，企业出售产品的目的是使用户更好地享受其服务。例如乐视电视，用户需要购买会员服务才能在其电视产品上看各类型节目。第四种类型是在实现产品功能的基础上拓展附加服务功能，创造更大的价值。例如很多设备制造企业通过先进的附加设备对用户使用数据进行跟踪、上传和分析，进而出售给相关行业企业。第五种类型与面向解决方案的产品服务系统较为相似，为用户的个性化需求提供完整的解决方案与服务。

综合以往学者的研究，产品服务系统主要受到三个方面因素的影响。首先，为了满足客户的需求，企业将产品和服务整合，将服务贯穿于产品的全周期中；或者根据客户的需求，为客户量身设计产品，促进企业与客户之间的联系和沟通，根据客户的反馈提升产品性能。其次，产品服务系统可以提升自身的竞争力，为企业带来更大的市场份额。由于服务的专一性和多样性，竞争对手很难模仿，可以保持企业在市场中的地位。最后，产品服务系统是企业环境保护和可持续发展的需要。全周期的服务延长了产品寿命，降低了物料的消耗，增强了企业的责任意识。

2.1.3　服务型制造的演化过程

20世纪六七十年代以后，世界经济的发展进入了新的阶段，导致制造业的外部环境发生了显著的变化。随着经济全球化进程加快，科学技术的新发展，资源与环境压力增大，顾客需求的多样化、复杂化等，企业的竞争模式变得日趋复杂，新的制造模式萌芽，服务型制造概念是经历了一个较长的演化过程逐渐形成的。何哲等人的研究将服务型制造概念的演化过程分为四个阶段。

第一阶段从20世纪70年代开始，发达国家第三产业的产值比重开始大幅增加，甚至达到国民经济总值的一半以上，表现为服务行业的快速发展阶段。许多国家经济重心开始从制造业向服务业转移，通过服务业的发展增强制造业的竞争力。改革开放以来，中国在服务业也经历着长足的发展，年均增速超过10%，高于同期GDP的增长速度，工业和服务业共同成为带动国民经济发展的重要力量。

第二阶段是20世纪90年代之后，以通用电气等公司为主导的一批大型跨国公司率先对其产品进行向服务型转变的尝试。在这一阶段，大多数企业的服务型制造仍然仅限于传统的供应链与库存管理阶段。少数公司领先一步，1996年，通用汽车公司年收入和利润的41%来自其子公司通用汽车财务公司的金融服务业；苹果公司的iPod与下载服务iTunes捆绑销售，以产品优势推动服务的发展，以丰富的服务促进产品的销售，增加产品的使用频率和新产品的市场投放速度。在这一阶段弗莱伊（Fry）等人提出了面向服务的制造及服务嵌入制造的原始概念。

第三阶段从21世纪初期开始，以通用电气公司、国际商业机器公司（IBM公司）为代表的一些国际性大企业已经基本上实现了向服务转型，如通用电气公司通过提供服务获取的收入已达到公司总业务收入的80%以上。IBM

公司的服务收入也从 1992 年营业收入的第 3 位上升至 2001 年各项收入之首。国外企业开始关注为客户需求提供具体的服务和解决方案。中国在这一阶段开始关注和发展面向生产的服务业，即生产性服务业，2000—2005 年是我国服务业发展的重要时期，但此时的关注点仍停留在单纯的服务部门，而没有将服务和制造结合起来。2003 年我国信息技术业服务收入占营业收入的比值仅为 5% 左右，而同期发达国家达到 30% ~ 50%。

第四阶段是在 2006 年之后，一小部分中国制造企业开始向服务型制造转型，如华为技术有限公司的产品服务系统，以客户需求为根本出发点，提供个性化的服务，为客户提供成套的解决方案，在产品的整个生命周期内满足客户的需求；海尔集团服务型制造的组织模式，是采取客户和供应商等参与的合作生产模式，双方主动参与产品和服务的研发、生产、营销和消费过程，以此更好地挖掘客户的需求，提高客户满意度，并向客户提供按需定制的产品服务系统方案；三一重工股份有限公司陕西分公司服务型制造的营销模式，划分不同的市场类型，针对不同类型的客户特征制定不同的定价策略和渠道模式。在这一阶段，国内学者开始关注服务型制造的相关研究，孙林岩等人提出了新的概念，将制造和服务相融合，将知识资本、人力资本、产业资本融合，形成价值增值的集合体，服务型制造不仅是一种新的商业模式，也是一种新的生产组织方式。图 2.2 刻画了服务型制造演化过程的四个阶段。

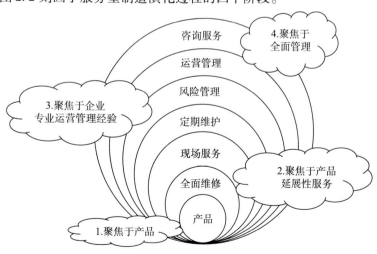

图 2.2　服务型制造演化过程的四个阶段

从服务型制造概念的演化路径与不同分类情况来看，基本上是从服务经济，到面向服务的制造，再到生产性服务业，最后形成服务型制造的概念。因此，在制造业向服务型制造转型的过程中，服务型制造的概念有了更为丰富的内涵和外延，不仅包括从物流和供应链角度面向服务，也包括对于客户需求感知的挖掘及企业之间的各种嵌入式服务，是基于服务的制造与面向制造的服务的集合。

2.2 制造企业服务化的基本特征

2.2.1 企业价值创造的焦点发生变化

制造企业服务化转型的过程经历了漫长的阶段，企业也是通过不断地发展和完善服务化的内容实现转型和升级。根据企业价值创造焦点的变化，服务化进程可以分为以产品为中心、基于产品的增值服务和全面解决方案三个阶段。

第一阶段，以产品为中心。传统的制造业企业发展的初期阶段都是以产品为中心，产品的销售收入占企业总收入的比重较大，企业通过质量优势、价格优势、技术优势来提高客户的满意度，通过保障产品质量，严格控制产品成本及增强物流管理，保障企业的产品可以低价、高质、迅速地供应给消费者，同时企业还增强市场营销能力，提高产品的知名度。此阶段企业只提供基本的服务项目如技术培训、维修服务等，缺乏专业的服务人员和差异化的服务项目。

第二阶段，基于产品的增值服务。为了充分满足顾客的需求和客户对服务的潜在需求，制造企业服务化向基于产品的增值服务方向发展，向客户提供具有个性化、差异化的增值产品或者服务组合，不同于第一阶段单纯的培训、维修，针对客户的不同需求增加了个性化的体验项目。充分地挖掘客户市场需求和潜在的服务需求，提供更加细致的产品服务，快速的响应市场的变化。在这一阶段，企业注重产品全周期服务能力，在产品购买阶段，针对客户的需求为客户提供定制产品服务，并提供如分期付款、融资租赁、金融保险、全方位体验等相关的服务，不仅解决客户产品使用方面的问题，同时提供相应的金融服务，解决客户资金短缺的问题；在产品使用阶段，提供培训、维护维修、保养、清洗、更换零部件、回收等服务，帮助客户更好地使用产品，及时解决客户使用过程中的各种问题，提升客户满意度，并针对客户的反馈改进产品，达到制造企业和客户双赢的效果。在产品增值服务阶段，企业还具有很强的客户关系管理能力，良好的客户关系不仅包括及时解决客户的问题，也包括站在客户的角度，设身处地地及客户之所及，这样可以更好地把握市场的动向，促进客户参与企业的设计与开发，使有效信息的传递成本降低。这一阶段的服务化企业还应具备客户需求的挖掘和管理能力，保证企业对客户的需求有高度的敏感性，并且能够帮助客户发现潜在需求。制造业企业还应根据自身的制造能力和设计能力对客户的需求进行管理和控制，保持个性化定制和大规模生产的平衡。企业还应具备快速的信息收集整合能力，这是企业快速响应市场需求的基础，还能够保证企业快速地响应瞬息万变的市场变化。

第三阶段，服务导向的全面解决方案。在这一阶段，企业不再是产品的供应商而是全面解决方案的供应商，将服务作为公司的核心竞争力。利用强大的服务体系帮助客户解决需求和问题，在帮助客户创造更多价值的同时为企业带来更大的价值。此时，服务化企业在原有能力的基础上拓展更多的业务范围，产品服务系统的研发能力是重要的方面，企业需要掌握核心的技术，不断推出适应市场需求的新业务，将获取的市场信息有效地融入产品设计和服务设计中，达到基业长青的目的。在第三阶段，制造企业金融资本的运作能力也不容忽视，为适应市场的不断变化，制造企业的金融资本运作能力可以为客户提供金融服务，不仅可以提高服务效率，同时增加了制造企业的服务收入，目前许多企业通过融资租赁的方式获取设备的使用权，向出租人支付租金，而且在办理融资时对企业资信和担保要求不高，适合中小企业客户办理融资业务。另外，信息化管理控制能力也尤为重要，不仅有利于企业的内部管理，同时便于信息的有效流动，也是有效服务客户的基础。

在制造企业服务化的进程中，许多传统的制造企业积极发展与产品相关的服务业务，将加工制造功能与服务功能融为一体，将服务作为企业利润新的增长点，提高企业的竞争优势。沃尔沃公司在服务化过程中的一系列举措值得很多公司学习和借鉴，沃尔沃（中国）投资有限公司荣获"2013 中国物流社会责任贡献奖"。沃尔沃卡车将自身定位为全面运输方案提供商，除了传统的售前、售中和售后服务外，一方面，在进行车辆采购决策时，沃尔沃卡车帮助物流企业衡量整个生命周期内的整体成本，对车辆的出勤率、运行效率、售后维护成本及车辆的折旧成本等进行综合考量；另一方面，沃尔沃卡车全方位支持物流企业的决策者把握商业契机，判断投资风险，优化管理体系，实现企业最佳的投资回报。具体而言，沃尔沃公司的全面解决方案包括：①工业 IT 解决方案，沃尔沃公司基于自身强大的信息网络为客户提供全面的 IT 支持，专注于核心业务的同时，使信息流通更加高效；②全面物流解决方案，以提高效率和客户满意度为目标，集优质产品、丰富配套、优异服务为一体，根据不同市场的情况和客户的需求加以改进，有针对性地优化客户物流过程，方便客户，帮助企业提高经营利润；③城市安全系统，在车辆发生低速碰撞时减少人身伤害及车辆受损，减少消费者、保险公司、社会的损失；④金融服务，为客户提供定制的金融贷款方案，提供多样化的金融服务，缓解客户现金压力，帮助客户扩大融资渠道（见图 2.3）。

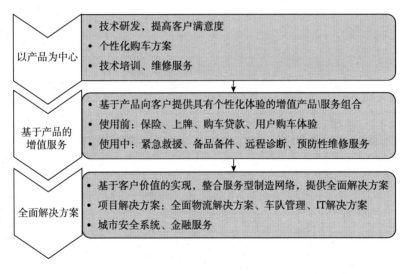

图 2.3　沃尔沃公司商业模式转变

2.2.2　企业价值创造的方式发生变化

当企业价值创造焦点发生变化时，企业价值创造的方式也随之发生改变。

在第一阶段，传统制造企业创造价值的焦点是以产品为中心，企业通过技术研发，提高产品性能来进行价值创造。此阶段注重产品功能的开发、生产、销售，使得产品品种单一化和标准化，客户被动地接受标准化产品。但是随着竞争对手模仿能力的提高和产品生命周期的缩短，产品同质化加剧，市场竞争日益激烈，除了通过打价格战来抢夺市场外，企业尝试着从其他的角度寻找新的突破。

进入第二阶段，为了提高客户的满意度，适应环境的变化，增强市场的竞争力，基于产品的增值服务成为制造企业价值创造新的增长点，企业不单纯依赖产品本身获取利润，而是开发与产品相关的其他服务，开发出个性化和多样化的产品，从以产品为中心向以客户为中心转变，从单纯地追求利润向为客户创造并实现价值转变，从满足客户需求向引导客户需求甚至创造需求的方向转变，让客户参与企业的研发、生产、服务的各个环节，以应对市场变化，实现企业和客户的双赢。在这一阶段，产品和服务相连接，并与客户紧密地联系起来，同时将利润的增长点由产品本身扩展到与产品相关的服务上来。

在第三阶段，制造企业的经营理念和战略进一步发生转变，为客户提供全面的解决方案，以产品为平台，将与产品相关的所有资源和价值增长点进行集成。IBM 公司就是向服务拓展最终重新崛起的典型范例。由于资金周转不灵，IBM 公司暂时面临被分拆的风险，通过服务转型，IBM 公司将自己定位为服务提供商，多样化和个性化的服务使得竞争对手难以模仿，增强了竞争优势；以客户为中心提供整套的解决方案，提升客户满意度，促进其营业收入稳步增长，成为全球最大的信息技术和业务解决方案的公司。

2.2.3 服务化的衡量方式

服务化程度分为投入服务化和产出服务化两个维度，投入服务化包括服务要素数量、成本及对服务要素的重视程度三个方面；产出服务化包括服务的数量、服务的广度和对服务的重视程度三个方面。采取服务化战略的制造业企业倾向于为客户提供更多的服务，因此需用服务的数量来衡量服务化的程度。除了服务数量以外，服务的广度也是重要的因素。服务的广度度量制造业企业提供的服务能够满足哪些要求，服务提供给了哪些客户，是所有客户中的少数部分还是多数部分。另外，如果企业向客户提供了大量的服务，并且面向的客户数量也较多，但是企业对服务的质量不够重视，或者只有在客户要求时提供服务而不是主动提供，也不能表明企业采取了服务化战略。对服务的重视程度要求企业积极主动地向客户提供服务，并且重视服务的质量。

洪堡（Homburg）等认为只有同时满足服务要素的数量多、广度大和对服务的重视三个方面，才能说明企业实施了服务化战略。尼利列举了制造业企业通常包含的 12 种服务类型，包括设计和开发服务、系统和解决方案、零售配送服务、维护和支持服务、安装和实施服务、金融服务、财产和不动产服务、咨询服务、外包和操作服务、采购服务、租赁服务和运输和货运服务，通过这些服务的数量和百分比衡量制造企业的服务化程度。

国内学者蔺磊和吴贵生认为企业通过资本、人力和技术要素提升服务质量，以 SERVQUAL 量表为基础，考虑企业背景的因素，从 6 个维度对服务质量进行衡量。6 个维度包括可靠性、反应性、有形性、安全性、情感性和总体评价度。刘继国在洪堡研究的基础上进行了调整，将服务要素的数量、服务要素的成本和对服务的重视程度作为衡量投入服务化战略的三个维度，服务要素的数量越多，认为服务化程度越高，在其他条件相同的情况下，投入服务要素高的企业被认为实施了服务化；服务要素的成本指制造企业在服务要素上投入了多少资金，投入资金越多，服务化程度越高。并且认为这三个方面缺一不可，任一个方面的得分较低，都不能表明企业服务化程度高，因此采用三个要素的乘积代表投入服务化战略变量的值。

2.3　制造企业服务化的动因

2.3.1　基于交易成本理论的解释

交易成本经济学的基本假定是个人主义、效用最大化、机会主义和有限理性。由于人们在获取、存储、处理信息中的有限理性，交易中任何契约都不可能对以后可能发生的各种情况做出周密详尽的描述和规定，在履约过程中可能发生偶发事件或者某一方钻契约的空子，发生机会主义行为。交易成本理论研究从交易成本最小化的角度探讨可能采取的治理结构。

诺贝尔经济学奖得主科斯（Coase）1937 年首次提出了交易成本的概念，从资源配置的角度分析，企业和市场是两种不同的方式，当两者的效果相同时，采取哪种形式主要取决于交易成本。在其经典论文 *The nature of the firm* 中，科斯指出当不存在交易成本（搜寻信息、缔约、讨价还价及监督成本）时，企业就不可能存在。科斯重点指出了企业在专业化的交换经济下存在的原因，企业与有机体不同，企业是一个组织，一个有意识的权利集合体。在企业内部，市场交易不存在，企业被置于一个复杂的交易网络的中心。企业的优势在于可以减少协调与控制成本，本质上说，企业是以不同方式重新安排交易活动。并且当企业内部组织一笔额外交易的成本，等于通过在公开市场上完成同一笔交易的成本或在另一个企业中组织同样交易的成本时，企业才会停止扩张。但如果企业在低于公开市场上的交易成本这一点上，或在等于另一个企业组织同样交易的成本这一点上停止其扩张，在大多数情况下（"联合"的情况除外），这将意味着在这两个生产者之间存在着市场交易，其中每一方都能在低于实际市场运行成本的水平上组织生产。

随后，威廉姆森（Williamson）发展了科斯的观点，将交易定义为商品和服务的流动，这一流动跨越了在技术上可分的边界，并将交易成本定义为在替代性治理结构下，为完成任务所做的计划、适应、调整而发生的成本。他认为市场存在机会主义、非理性和资产专用性等不完备的现象，导致了企业的出现，企业的出现使得市场变得更加有效率，并且它是交易参与各方的缔约过程。市场交易成本及对效率的追求导致市场内部化及企业的纵向一体化、企业集团和跨国公司的形成。达尔曼（Dahlman）把交易成本界定为准备契约的成本、达成契约的成本、监督和实施契约的成本。马修斯（Matthews）认为交易成本包括事前准备、合同执行当时、事后监督的成本，与生产成本不同，交易成本是履行一个合同的成本。张（Cheung）认为交易成本包括一切不直接发生在物质生产过程的成本。因此，交易成本是一系列制度成本，包括信息成本、谈判成本、拟定和实施契约的成本、界定和控制产权的成本、监督管理的成本和制度结构变化的成本。

当劳动分工建立起来以后，需要通过交换满足日常的基本需求，同一分工层级中不同的个体间存在交换，并由相应的制度来规范交换行为，其目的是尽可能地降低个体间交换的成本。行业级分工规范主要来源于相关的法律法规、行政政策及企业之间订立的合同。企业级分工的交换主要指各部门之间的沟通及工作衔接，靠企业的各项管理制度来约束。在进行交换的过程中，人们可以选择直接的、零散的交换，一对一的市场交易，也就是人与人之间相互合作共生的一种形式；随着经济社会的不断发展，人们逐渐开始通过合约的形式来进行合作，即通过企业的形式。这两种不同的交换方式作用效果不同，交易成本也不同，交易的双方会根据交易成本的不同选择成本较低的方式进行合作。

根据科斯的理论，建立企业可以获利的原因是价格机制是有成本的。通过价格机制组织生产最明显的成本是所有发现相关价格的工作，企业之间的交易相对于零散的市场交易而言，会降低但不会消除这些成本，企业是作为通过市场交易来组织生产的替代物而出现的。交易成本也是导致制造业和服务业分离的直接动因。在漫长的以手工作坊式为主的制造业和以家庭消费性服务为主的服务业时代，制造业和服务业之间很少有交集；到了产业革命之后，随着企业规模的扩大，制造业的飞速发展，企业内部的流程及种类的不断增加，管理的难度和复杂性也变得越来越大。两种组织分工的方式，即市场和企业是可以相互替代的，市场运用价格机制组织分工，企业运用权威关系组织分工，如果利用价格机制的成本低于利用权威机制的成本，即市场的交易成本低于企业内部的管理协调成本时，企业会将这部分业务分离出来，交给市场机制来组织分工。

对于制造业企业而言，产品的整个生命周期的各个环节，调研、设计、研发、原材料、生产、营销、财会、物流、融资、售后等，可以由企业自身完成，也可以与市场上的其他企业合作实现，当某个环节企业的组织成本大于购买成本时，企业就会倾向于购买而不是自身来实现。当企业处于发展过程中的不同阶段时，企业面临不同的选择，是扩大规模还是深耕研发，选择横向一体化还是纵向一体化，这些不仅由企业的发展战略决定，也与交易成本密切相关。当然，在选择某一种战略时，除了比较眼前的成本大小外，更应该考虑到对企业发展的作用。随着企业规模的扩大，相应的服务种类也必然增加，制造能力需要扩展，如何做到两者的平衡，也是企业需要考虑的重要问题。企业可以选择内部化，成立相关的部门，由自身组织完成，这时不能忽略的是由此带来的费用的增加。企业也可以选择外部化，通过与其他企业合作，或者外包给其他企业，利用市场机制组织分工，共同满足产品整个生命周期涉及的各项活动。当企业在考虑内部化还是外部化时，除了考虑显性成本外，还应考虑随之而来的隐性成本和收益。内部化可能导致部门的冗余和效率的低下，从而影响整个公司的效率，但如果处理得当，也会帮助企业提高生产效率，维持客户的忠诚度，提高企业的竞争力及可持续发展能力；外部化虽然具有专业化的优势，成本较低，但是也可能会让制造企业面临诸多风险。服务型制造强调上下游伙伴之间联系紧密而广泛，经常沟通合作，搜索交易对象信息方面的成本大为降低；由于信息共享，也可以减少履约风险，从而为企业创造更大的效益。

2.3.2　基于价值链理论的解释

迈克尔·波特（Michael E. Porter）的《竞争优势》一书对管理思想做出杰出贡献，获得美国营销协会颁发的库利奇（Charles Coolidge Parlin）奖，在该书中波特提出了价值链理论。波特将企业的价值创造分为两大类，一类称为基本活动，另一类称为支持活动。基本活动涉及如何将输入有效地转化为输出，这部分活动直接与顾客发生关系，包括内部后勤、生产经营、外部后勤、市场营销和售后服务等。内部后勤是指资源接收、储存和分配活动，包括材料的库存控制和运输；生产经营是将各种输入转化为最终的产品和服务；外部后勤是指产品的输送；市场营销包括消费者行为研究，在产品交换的过程中，为客户、合作活动等带来价值增值的一系列手段；售后服务是商品出售后的各项服务活动，包括安装、调试、技术指导、零部件的更换、维修保养等。支持活动包括企业基础结构、采购、研究开发和人力资源管理，这些活动相互联系紧密配合。企业基础结构是指常规管理系统和管理活动，如市场分析、财务、计划、库存管理、物流管理等；采购是指购买所有资源的活动，包括原材料、机器设备、办公设备、厂房等。采购作为供应链的重要环节，直接影响企业管理活动的质量，如果采购环节出现失误，必然会增加企业的运营成本。研究开发是指涉及产品的研发、工艺流程的设计和改进、生产过程、信息系统管理、财务分析等行为；人力资源管理是指对管理人员、财务人员、技术人员、操作人员、营销人员等的招聘、培训、激励等活动的管理。

因此，每一种活动又可以细分为更小的业务流程，例如生产经营可以细分为零部件加工、组装、测试、包装等。图 2.4 列示了制造企业的基本价值链。基本活动和支持活动相互联系，共同支持整个价值链，价值活动是企业内部各种活动的总和，决定了企业竞争优势的高低。价值链的提出基于经营资源—价值活动—竞争优势这一基本的逻辑关系。在市场经济条件下，制造企业的竞争优势来源于产品和服务价值的体现并取决于消费者的接受程度，而消费者接受与否基于与其他产品和服务的比较，也就是对于公司产品设计、生产、销售、供货及支持活动完成的评价。

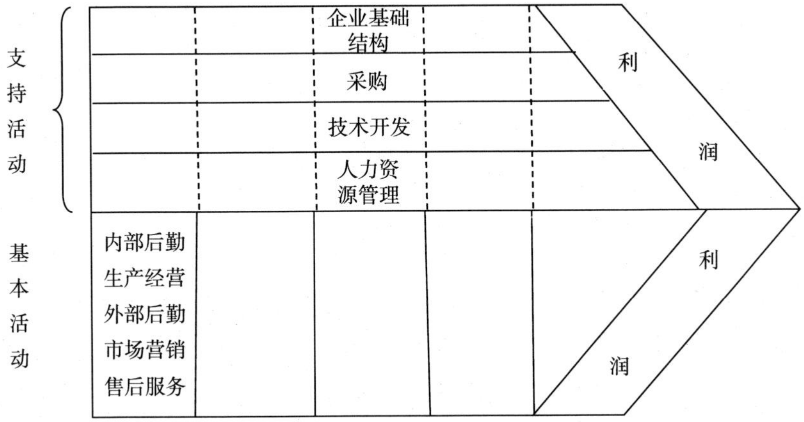

图 2.4　制造企业基本价值链

价值链分析能够帮助企业决策者有效地认识企业的竞争优势，不同的战略要求不同的技术和资源的支持。当企业的产品和服务被消费者认可时，企业便在市场上实现了价值，并在激烈的市场竞争中建立起自己的竞争优势。成本领先、差异化等战略的选择与实施必须以价值活动为中心，以企业的优势为基础，以系统和整体的战略行动管理为内容。随着经济全球化竞争的不断加剧，物流和信息技术的发展，制造企业正面临着深刻的变革，服务化的不断深入使得制造业的价值链也发生了变化。制造企业服务化是一种新型的生产组织方式，通过将制造业企业、服务企业和顾客协同，形成服务型制造网络，服务活动融入企业的制造活动中，共同创造和传递价值，使企业价值链的构成要素日益复杂。

与传统价值链相比，服务化企业价值链已由传统的价值链向价值网或动态价值系统转变。服务化企业的制造性活动和服务性活动相互联系、相互制约，形成相互交织的网络结构，构成了复杂的产业链系统。随着企业外部环境因素的不断变化，客户的需求转变和交易方式的转变，促使企业设计恰当的经营模式和市场定位，保持其市场竞争力，避开来自竞争对手的威胁和挑战，保持可持续的增长模式，实现价值转移。随着经济的全球化和现代交通技术的发展，企业能够在全球范围内配置资源，在产品的制造环节，实现工艺流程的分工，在制造业传统价值链的两端，以更低的成本、更快的速度为客户提供优质的覆盖产品整个生命周期的价值创造服务，同时满足客户不断变化的需求，在制造业和服务不断融合的趋势下，实现价值创造活动的新变化。服务化企业不仅关注产品，也将重心向服务转移，提供个性化的定制服务、产品外包服务等。在降低整个供应链体系成本的前提下，以依附在产品上的服务增值为主要盈利手段，在原材料、中间产品上提供不同的服务方案，满足客户的不同需求，将获利的途径从单一的产品向产品的整个生命周期转变，由简单的产品销售转变为全方位、多层次的服务支持，通过信息的沟通，实现供应链的价值增值。

2.3.3 基于战略管理理论的解释

战略管理思想，古已有之，大可用于国家，小到个人，体现在我们周围的方方面面。系统的战略管理思想可以追溯到距今 2000 多年春秋末期的《孙子兵法》一书，在企业管理方面，预算一直以来是企业应对长期发展的手段，战略管理思想应用于企业管理，最早出现在 20 世纪 60 年代的美国。

阿尔弗雷德·D. 钱德勒（Alfred D Chandler Jr）《战略与结构》一书的问世，开启了战略管理研究的序幕。他认为战略管理是影响和决定企业的长期目标，决定企业达到既定目标所选择的基本途径，并为实现这些目标对企业资源的最优化配置。钱德勒还指出了环境、战略和组织结构之间的相互关系，认为企业战略为了满足市场需求必须使用环境的变化，而组织结构必须满足企业战略的要求，随着战略的变化而变化。随后，哈佛大学商学院教授肯尼斯·安德鲁斯（Kenneth Andrews）发展了钱德勒的观点，认为战略管理是确定企业目前和将来的类型和发展方向，并为实现企业目标而制定政策和计划的过程。安德鲁斯将企业的目标、政策和经营活动结合起来，使企业形成自己特殊的战略属性和竞争优势。

钱德勒和安德鲁斯对于战略管理给出了一个宏观广义的界定，伊戈尔·安索夫（Igor Ansoff）从构成要素的角度给出了一个狭义的定义，安索夫认为，战略管理的构成要素包括4个方面：①产品与市场，是指企业生产的产品和其产品面向的市场；②增长向量，是指企业产品和市场的发展方向，通过开发新产品和市场渗透扩大规模，提高市场份额；③协同效应，包括两个方面的涵义，一是企业内部各部门的相互合作共同实现目标，二是两个企业之间共生互长的关系，在资源共享的基础上，整体价值大于两个单独企业价值之和；④竞争优势，是指那些可以使企业处于有利竞争地位的产品和市场特性，包括价格或质量战略、消费者服务、品牌战略等。战略管理就是将企业活动与四个构成要素相结合的决策过程。

根据竞争结构模型（见图2.5），盈利水平和竞争程度取决于五种力量的相互作用，这五种力量包括：产业内竞争、供应商、客户、替代品和潜在的竞争者。随着宏观环境的不断变化，从战略管理的角度考虑，制造企业为获取更

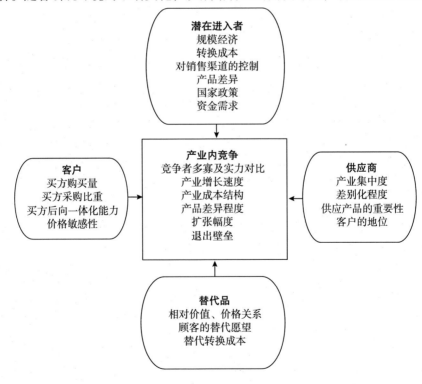

图2.5 产业竞争结构模型图

强的竞争优势，只有不断地推出差异化的产品，才能长期立于不败之地。在商品化高度发达的市场经济环境中，差异化的产品除了技术方面的不断革新及低价策略外，同时需要提供价值增值服务。由于服务的难以模仿和不可视性，因此通过服务化来获取竞争优势更具有可持续性，同时可以增加竞争对手的竞争障碍。市场环境、消费者行为、竞争对手、组织特征等因素影响企业的战略选择，而外部环境和组织内部特征是影响服务战略导向的主要原因，目前企业所处的竞争环境日趋复杂，用户的需求也日趋多样，企业需要更加关注顾客需求的变化，因此，服务导向战略是增加顾客忠诚度的重要手段。同时，随着信息技术和物流的发展，客户不仅满足于商品本身，更加关注企业提供的相关服务。

2.4　本章小结

本章首先对制造企业服务化的内涵进行界定，对相关概念进行了解释和区分，介绍了制造企业服务化的四个演化阶段。进而，从企业价值创造的焦点与方式变化角度，对制造企业服务化的基本特征进行了探讨，并对国内外现有研究中服务化的衡量进行了阐述。最后，从交易成本理论、价值链理论和战略管理理论三个角度分别解释了制造企业服务化的根本动因。

3 制造企业服务化驱动机理

3.1 驱动制造企业服务化的企业因素

3.1.1 企业创新水平

一般来说，制造企业的技术创新能力越高，其进行服务化转型的激励往往也越高。技术创新指的是生产技术上的创新，是建立在科学的基础之上，对新技术的研究和开发或对现有技术的改进和创新，是技术进步的微观保障，表现为全要素生产率的提升。技术创新能力不仅与产品的质量高低存在直接的联系，同时也会带来生产效率和生产方式的改变。

对于企业创新的研究最早可以追溯到美籍奥地利经济学家熊彼特（Schumpeter）在 1912 年发表的著作《经济发展理论》，他在这本书中首次对创新进行了定义，认为创新是指"新的生产函数的建立"，也可以将其理解为"企业对生产要素的新的组合"。在这一定义下，创新作为一个宽泛的概念，并不特指与技术进步相联系的一系列活动，其他一些可以提高资源配置效率的新活动如市场创新和组织制度创新等也可以被视为是企业创新的一部分，创新实际上就是技术、市场及组织这三个方面作用相互影响的一个综合过程。下面就从技术创新、市场创新及组织创新这三个维度对企业创新水平进行分解，逐个分析其与制造企业服务化之间的关系，以便更好地理解企业创新水平是如何影响和驱动制造业服务化的。

技术创新能力较高的制造企业生产的产品往往具有较高的质量，并且对应着较低的产品价格，市场竞争能力较强。对于技术创新能力较高的制造企业来说，进行服务化转型能够帮助企业与用户建立更加紧密的联系，企业对顾客需求的深入了解可以有效地维护已有的用户群体，巩固企业的市场地位。利用技术创新获取更大的服务空间，企业的市场发展也会具有更广阔的市场潜力，这使得具有较高创新能力的制造企业具有强烈的服务化转型动机。

企业进行服务化转型的过程中可能遇到一些障碍和挑战，技术创新能力较强的企业可以借助自身积累的丰富的经验资源加以应对，使整个服务化进程变得更加顺利。同时，借助服务网络的载体作用，制造企业服务化也可以方便企业了解用户未来需求，通过顾客的参与和反馈反过来促进企业技术创新能力的提升，这种技术创新能力和服务化转型之间的良性循环也会使得创新水平较高的制造企业更倾向于进行服务化转型。

对于技术创新水平较低的制造企业来说，由于产品质量和价格均处于劣势地位，企业的核心竞争力处于缺失状态，盲目进行服务化转型只会导致企业运营成本的增加，对于企业的长期发展来看并无益处。由于技术创新能力较低，就算通过服务化与用户建立了连接，也会因为无法及时通过技术改进满足消费者的需要而造成客户流失，这样不仅无法通过服务化获得预期收益，还会因为服务化部门的设置大幅增加企业的经营成本，不利于企业的市场发展，因此创新水平较低的企业进行服务化转型的激励也较低。

与技术创新能力和企业服务转型的关系类似，市场创新能力与制造企业的服务化水平之间存在着明显的正向关联。市场创新主要是指在不同于主流市场的新顾客群体或细分市场进行挖掘和开拓的行为，根据消费者需求满足方式、营销执行过程及创新营销组合的提出等，可以对市场创新的内涵进行不同程度的拓展。市场创新与技术创新之间最大的不同在于，技术创新的作用对象是产品本身，而市场创新作用的发挥并不直接对产品本身产生影响，而是将市场作为关注焦点，利用市场创新活动帮助企业更加充分地把握市场机会，一定程度上规避主流市场中激烈的竞争带来的威胁，引导企业找到新的盈利增长点，对现有产品的价值进行最大程度的挖掘。

进行服务化转型，需要制造企业将传统的生产加工制造环节和市场营销、外部配套服务及售后服务等市场活动相结合，打破制造商和服务商之间原有的企业边界，实现企业市场范围的扩张，从而在与原有市场不同的更大范围的市场空间中寻找利润点。对于市场创新能力较弱的企业来说，其往往前瞻性不够，在决策初期很有可能无法发现服务化转型可能带来的潜在市场，而做出不进行服务化转型的决策，就算这些企业进行了服务化转型的尝试，但是最终也很可能由于无法有效地突破服务化进程中遇到的各种障碍转型失败，仍然维持原有的经营模式。相较之下，市场创新能力较高的企业能够更容易地发掘服务化转型的市场潜力，具有在转型过程中自发、动态地形成以顾客为中心的现代制造服务网络的能力，并且能够在网络成员构成的完整的市场生态系统中，通过资源的共享实现优势互补，借由分工协作分散化风险，因此市场创新能力较高的企业进行服务化转型的概率也较高。

同样地，分析组织创新能力和制造企业服务化转型之间的关系，可以发现组织创新能力较高的制造企业往往也会有更多的动机进行服务化转型。组织创新具体表现为企业在处理组织日常事务和流程时采用新的管理方式和方法的能力。随着企业内部机构和外部市场环境的变化，为了让企业获得新形势下的竞争力，就需要优化调整企业内部要素资源的配置结构，以更好地应对所遭遇的变化。组织创新的主体对象是企业，包括三个方面的主要内容：一是企业组织结构的变革；二是新的组织战略的提出；三是管理技术的升级。组织创新能力就是对以上三个方面的具体概括，组织创新能力越高，企业组织结构的变革就越容易，新的组织战略的提出就越容易，管理技术的升级也就越容易实现。

组织创新能力较高的企业，在面对服务化进程中的各类市场变化时具有更高的灵活性，会及时地提出有针对性的组织战略，更快地升级管理技术，同时调整企业组织结构以应对内部和外界环境的各种变化，其服务化进程也将更加顺利。另外，企业的技术创新和市场创新，究其根本都是建立在员工的创新行为之上的，要将员工的创新想法付诸实践而免于受到固化思维的影响和抵制，就需要来自组织和上级的支持。在组织创新气氛活跃的制造企业中，对成员多样性的包容性更高，也就更能够为员工提供必要的创新环境支撑和相应的技术条件支持。在这样的条件下，员工也会有更大的创新动机和想法来源去实现创新活动，并最终实现企业的技术升级和市场创新能力的提高，进而推动制造业服务化进程的顺利完成。反观组织创新能力较差的企业，其组织结构往往缺乏足够的机动性，对于服务化转型中遇到的困难无法迅速地进行组织结构变革，而且管理技术的升级一般较慢，难以跟上剧烈的市场变化，组织的战略实施能力较弱，很难有效应对服务化进程中对于企业组织变化的相关要求，容易造成服务化进程受阻甚至失败。

综上，可以发现企业的创新水平会对其服务化决策及进程产生显著的影响。企业的创新水平包含三个方面的内容：技术创新水平、市场创新水平和组织创新水平，这三方面的创新能力对于企业的竞争优势、企业进行服务化的激励及企业进行服务化的能力都有显著的正向促进关系。一般来看，企业的综合创新水平越高，就越有动力进行服务化转型，并且成功转型的能力也越强。

3.1.2 企业市场份额

除了企业的创新水平，市场份额也是影响制造业服务化的一个关键因素。从发达国家的经验及我国服务化转型进程较为顺利的制造企业的成功案例来看，虽然服务化代表着制造业未来发展的先进方向，是经济发展的必然趋势和结果，但是由于实施服务化过程中可能遇到的挑战，对企业自身素质具有极大的要求，因此，并不是所有类型的制造企业都适合并且能够成功完成服务化转型。除了少数企业能够成功完成服务化转变外，大部分企业的服务化进程都相对缓慢和谨慎，甚至有些企业根本不会走上服务化的道路。

通过对国内外制造业服务化成功的典型代表案例进行分析，可以发现服务化并不是所有规模企业的普遍选择，服务化一般是在行业中占有领先地位的市场份额较大的企业的行为，大部分成功者都是在该行业中具有较高市场份额、拥有较强行业影响力的企业。如 IT 制造业中的联想集团、IBM 公司、惠普公司；家电制造业中的海尔集团、TCL 科技集团股份有限公司、伊莱克斯公司和通用电气公司及手机制造业中的苹果公司、轮胎制造业中的米其林集团等，虽然这些企业所处的行业属性存在显著的差异，但是他们所具有的共同特征——较大的市场份额，帮助他们成功地实现了服务化转型。

要想探究市场份额与服务化之间关联的内在机制，首先应该清楚企业市场规模与企业效益之间的内在联系。传统的有关市场规模与企业市场表现的研究中，最著名且影响最为深远的当属古典经济学派的亚当·斯密所提出的市场限制劳动分工假说，该假说一般也被称为"斯密定理"。他认为分工的程度会受到市场范围的限制，市场范围越大，交换能力越强，则分工也将更为细化；而当市场范围较小时，由于无法有效地进行交换，分工的程度会受到严格的限制。基于此，他提出了市场规模的扩大会促进分工和专业化程度提高的观点，认为分工和专业化程度的提高会对劳动生产率的提高做出重要贡献，并最终导致经济增长，这一观点可以被进一步地简化理解为：市场规模的扩大会引起经济的增长。斯密定理被视为现代经济学的理论基础，其关于市场规模与经济增长之间关系的论证虽然受到了"两难悖论"的质疑，但仍然为现代经济学的发展做出了突出的贡献。

市场规模与企业效益之间存在的正向关联不仅在斯密的假说中得到了说明，在之后的规模经济理论中也得到了进一步的说明和解释，后者更为充分地论证了企业市场规模是如何促进企业经济效益的提高的。规模经济理论是在亚当·斯密关于分工理论的详细阐述基础上的一大发展，其主要关注点在于随着企业的规模不断扩大，企业内部发生的一系列变化，一般表现为企业的经济效益随着企业规模的增加而发生增加。马歇尔对于规模经济理论的发展做出了突出的贡献，他指出规模经济之所以能够带来企业收益的增加，最根本的原因就在于实现了技术的经济、机械的经济和原料的经济。该论述对规模经济的形成机理进行了详细的阐述，对后续的研究做出了巨大的贡献。

市场规模的增加与企业经济效益提升之间的正向联系不管是在亚当·斯密关于市场分工与市场规模之间关系阐述的"斯密定理"，还是在以马歇尔为代表的"规模经济理论"中都得到了很好的肯定。当企业的市场份额增加时，由于规模经济效应的存在及市场范围增加导致的分工细化，企业的经济效益也会发生一定的增加。因此，一般认为企业的市场份额越高，企业的分工程度越高，企业的经济效益也越好。正是由于企业市场份额和经济效益之间的这种关联，使得企业的服务化决策会在很大程度上受到市场份额的影响。

实施制造企业服务化转型实际上是一个非常复杂的过程，通常需要企业根据在这一转型过程中遇到的各种障碍和挑战不断地进行动态调整，这一过程对于企业所具有的资源和相应的能力都有着很高的要求。企业的现有资源包括"软件"资源同时也包括"硬件"资源，在对资源存量进行调整时，资源的变动可能会引起协调成本的增加，对于市场份额较小的企业来说，由于无法通过规模经济效应获取成本优势，协调成本的增加很容易对企业的正常运营造成打击，导致即使这些市场份额较小的企业有提供服务的动机，也会由于缺乏相应的资源和能力而难以实现服务化的转型。而对于市场份额较大的企业来说，它们往往具有更多的资源、更为科学合理的分工体系及更大的市场势力，在应对服务化进程中的种种困难时也能够更加地游刃有余，对于潜在的风险具有更强的消化能力，因此市场份额较高的企业更倾向于进行服务化改革以实现差异化，从而提升自己的竞争优势，维护企业的市场地位，巩固自身的市场份额。

综合上述分析可以看出，企业市场份额会对服务化战略的选择和实施产生非常显著的影响，基于斯密理论和规模经济理论，市场份额越大的企业，其分工化程度越高，能够在服务化过程中轻松地完成部门智能的调整和转变。另外，凭借规模经济带来的成本优势，可以很好地消化转型过程中产生的协调成本等附加成本，成功地跨过服务化进程中的一系列障碍。但是需要注意的是，这并不是说所有的市场份额较小的企业都不能成功地完成服务化转型，通过形成自身特有的核心竞争优势，中小企业仍有可能在细分市场内获取一定的主动权。

3.1.3　企业生产成本

企业的生产成本也会对企业的服务化决策产生重要影响。任何一个经济体在市场经济情况下进行决策时，都需要对特定经济活动的得失进行全面科学的分析。一般认为服务化转型会通过帮助企业获得新的价值来源而有效地增强企业的竞争力，但是在实际情况中，大多数制造企业的实践经验表明，很难利用扩展服务业务的方式来提升企业的经济潜力。很多企业在实施了服务化变革后，经常会出现企业的总体收益率下降的情况，对比于没有进行服务化变革的纯制造企业，进行了服务化转型的制造企业最后反而会拥有较高的破产率。因此，在对是否进行服务化进行决策时，企业不仅需要考虑潜在的收益，还需要对成本进行详细的考察，这就使得企业的生产成本成为影响企业服务化转型的关键因素。

制造企业服务化的转型结果并非一定是对企业有利的，其中一个显著的缺点就是服务化转型可能导致企业运营成本的增加。虽然提供服务是一种有竞争力的商业策略，也符合客户的期望，但是，许多企业在没有对客户需求进行充分分析的情况下盲目地加入服务，只会导致成本的显著增加，而不会对企业收入的增加产生正面的影响，对服务化的错误理解或执行不力可能会最终导致企业的破产。对于产生这一现象原因的解释，目前比较普遍的一种观点是，服务化往往意味着企业成本的增加，而来自服务化的实践无法引起足够高的收入和利润的增加，这些成本和收益之间的缺口只能由企业内部资金进行消化，如果不能及时地加以改善，企业最终将很难持续发展，服务化进程将严重受阻甚至失败。

导致很多服务化转型的制造业最终破产的根本性原因在于企业成本的增加，而这些成本主要来自3个方面。首先，制造企业的服务化变革意味着这些制造企业将开始为顾客提供相应的服务，由于企业原有结构下没有相应的职能部门可以提供这些服务，因此企业一般需要新增相应的部门来完成与之对应的服务工作，这些新增的部门会显著地增加运营成本，提高企业正常运转所需要承受的压力。其次，服务化变革的实践过程往往会伴随着严重的来自组织和文化两个方面的双重障碍，这些对于企业的文化和团队来说无疑是艰巨的挑战。要想克服这些困难，企业就需要进行相应的战略调整，这同样会使企业的成本发生上升。最后，在原本的产品导向战略下，制造企业的竞争焦点都放在对于产品的改进上，而当制造企业进行服务化转型时，本质上也就将竞争扩散到了一个新的领域，即服务领域，企业的竞争焦点也将一部分转移到服务领域的竞争当中。在企业服务化改革之前，服务领域就已经存在了一定数量的参与者，这些市场参与者包括分销商及专业化的服务提供者，制造企业加入这一细分领域的前期，在与在位者进行竞争时一般处于劣势状态，为了尽快建立自己的竞争优势以保证能够在新的竞争环境中生存，企业就必须在前期进行大量的投入来保证自己的竞争地位，这样的服务化战略无疑会产生一定的竞争成本，加重企业的成本负担。

通过上述分析可以看出，企业进行服务化改革时不能仅仅考虑到可能获得的预期收益，还要对由服务化增加的各种成本引起重视。在服务化改革过程中增加的各种成本会对企业的服务化进程产生严重的影响，甚至决定转型的成功与否。

虽然服务化改革必然意味着成本的上升，但是仍然有一些制造企业突破了成本压力造成的桎梏，成功地走上了服务型制造企业的道路，分析其中的原因，可以发现这些转型成功者和失败者之间的一点非常重要的差别就在于企业原有的生产成本的大小。从已有经验来看，原先生产成本较低的制造企业更有可能进行服务化创新并且获得成功，而生产成本较高的制造企业进行服务创新的激励则相对较低，就算这些企业选择了进行服务化改革，也更加容易面临失败。

之所以制造企业原有的生产成本会对企业的服务化转型产生影响，从根本上来看是因为企业原有的生产成本在很大程度上决定了该企业对于各项新增成本的承受能力。从行业一般水平来看，服务型企业平均劳动力成本较高，这对于企业的运营会造成严重的负担。原有生产成本较低的企业通常具有很强的成本控制能力，在生产制造的过程中能够有效地进行成本节约，具备使用最小的成本为自身创造最高的价值的能力，这种类型的企业对于成本的增加的适应和调整能力较强，容易克服在服务创新活动当中面临的各项成本问题。反观生产成本较高的企业，其成本控制能力相对较弱，本身的利润空间较小，能够接受的成本增加的程度极其有限，一旦进行服务化变革，成本增加如果超出企业所能承受的极限，会对企业的正常经营造成很强的冲击，如果企业又没有相配套的应对能力，容易导致服务化进程的失败甚至企业的破产。

另外，在评价企业能力的指标中，最关键的指标之一就是生产成本。一般来看，由于制造业生产的产品标准化程度较高，在相同的行业中，生产成本较低的企业往往也对应着较高的技术能力，其产品质量更高，从而具有更强的市场议价能力；而对于生产成本较低的企业来说，由于技术水平导致的产品质量劣势，市场议价能力较弱。相对应的，对于服务化引起的成本增加，生产成本较低的企业可以通过市场议价行为将一部分成本增加带来的损失转移给消费者，公司只承担其中一部分的利益缺失，所以服务化进程通常更加顺利；而生产成本较低的企业由于市场议价能力较弱无法实现风险的转移，损失只能由公司自行承担，因此容易转型失败。

因而，企业在进行服务化改革时的决策及服务化转型的顺利与否与生产成本之间存在着密切的关系。一般来看，生产成本较低的企业由于具有更强的成本控制能力，可以更加灵活有效地处理各类成本问题，同时，由于拥有较强的市场议价能力，企业可以通过市场活动将损失一部分转嫁给消费者，减轻自身的成本负担，其进行服务化改革的概率较高，且往往较容易获得成功。相反，

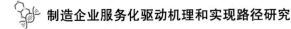
生产成本较低的企业其成本控制能力较弱，通常无法解决成本问题，加之不能通过市场议价转移风险，所以缺乏进行服务化转型的激励，就算进行服务化改革，也通常很难获得成功。

综上，在企业层面，企业创新水平、市场份额及生产成本对制造企业服务化均具有一定的作用，该驱动机制可以用图 3.1 表示。

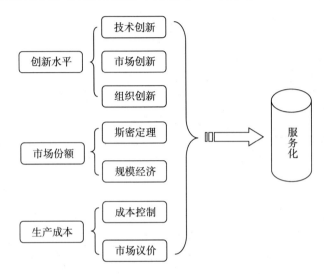

图 3.1　驱动制造企业服务化的企业特征

3.2　驱动制造企业服务化的行业属性

3.2.1　行业基本属性

企业进行服务化改革的决策及是否能够成功完成服务化改革不仅仅与企业自身因素也就是内因有关，还和所处行业的特征也就是外因有着密不可分的联系。从我国目前服务化的发展趋势及典型的案例来看，不同行业之间的服务化程度存在着明显的差异，这也间接地证明了行业属性对于服务化改革的影响作用。对行业属性与企业服务化之间的驱动机制进行深入的探究，可以发现制造行业所生产的产品对服务的依赖程度及行业的要素密集度是两个最主要的影响制造企业服务化改革的行业属性。

（1）产品对服务的依赖程度

不同的制造业行业生产的产品对于服务的依赖程度存在着显著的差异，随着产品对服务依赖程度的逐渐加深，行业与服务部门之间投入产出的互动关系就越明显，二者之间融合的趋势也就越强，而相应的产业边界则越模糊，行业中的企业进行服务化改革的动力也就越强。随着产品对于服务的需求不断增加，服务投入逐渐增大，服务加速向制造业渗透，制造企业也就更倾向于进行服务化转型，随着行业与服务化关联程度的提高，服务化改革的可行程度也将逐渐升高。产品对服务的依赖程度与企业的服务化决策之间存在着明显的正向相关关系。

从全球制造业大型公司的服务化趋势来看，服务化转型通常首先都是发生在那些产品对服务具有很高的依赖程度的行业中。由于行业自身的特点的不同，产品价值链中前期的研发设计、中期的生产制造甚至包括后期的营销服务等各个环节对于服务的依赖程度都显示出巨大的差异，这会显著地影响企业的服务化决策。例如对于计算机、通信和其他电子设备制造业来说，其产品与消费者之间的关系极为紧密，要想获得足够的市场竞争力，在前期的产品开发环节就必须对消费者的产品偏好进行详细的调查，而这就需要在前期投入一定的服务要素来完成。同时，对于计算机等电子设备来说，其产品生命周期中消费者往往会对售后服务产生一定的需求，这两者决定了计算机、通信和其他电子设备制造业对于服务会有较强的依赖性，这一类企业通常也更容易进行服务化转型。例如计算机制造业中的戴尔公司就基于直销的方式直接和客户进行联系，开创了个人电脑市场中以客户为中心的商业模式，IBM 公司作为全球领先的计算机设备制造商，目前也将提供信息相关业务服务引入了自己的业务范围之中。苹果公司作为电子设备制造业中服务化转型的典型案例，前期主要是利用 Ipod + ITunes 的模式为客户提供服务，而目前则是形成了一套基于 Iphone + Apple Store 的产品服务系统的集成设计。

行业间技术水平的差异也是造成制造业行业产品对服务的依赖程度不同的重要原因，从产品的角度来看，技术水平越高的产品往往对服务具有更强的依赖性，从而更加倾向于进行服务化创新。这一技术之间的差异是影响企业服务化转型的重要动力来源。伴随着科学技术的快速发展，不同制造业行业所生产的产品之间的技术含量差异也变得越来越大。对于本身具有雄厚的工业基础的制造行业来说，由于长期注重研发投入，其生产的产品往往具有技术含量高、操作相对复杂的特点，如精密半导体、医疗器械、大型机场及重型运输设备等高新技术行业。这类制造行业生产的产品往往生命周期较长、结构复杂且零部件繁多，在后续的使用过程中如果操作不当容易出现各种各样的问题，因此仅仅出售产品显然无法很好地满足用户的需求。为了保证产品在后续使用过程当中的安全性及使用便利性，这些制造行业中的企业就必须向用户提供相应的日常维护和定期检查等售后服务。对于这些行业所生产的产品来说，售后服务甚至在很大程度上决定了相关客户的购买决策，为客户提供良好的自定义制作方案来解决特定的客户问题，可以显著地提高客户对产品的信赖程度和满意度，因此这些行业也就更愿意为客户提供相应的服务，服务化的趋势也就更加明显。而对于技术含量低的制造行业如木材加工及木、竹、藤、棕、草制品业，橡胶和塑料制品业及酒、饮料和精制茶制造业来说，其生产的产品生命周期较短且复杂度低，对于服务的依赖程度较低，因此也就更不容易进行服务化转型。

产品对于服务的依赖程度不仅会影响企业进行服务化改革的动机，还是企业能否成功进行服务化转型的关键影响因素。从服务提供者的视角对企业的服务化问题进行考虑，可以发现，对于计算机、通信和其他电子设备制造业等与客户联系非常紧密的行业来说，企业进行服务化之后可以更有针对性地进行产品的研发和生产，同时在后期的营销和售后服务中也能够获取更大的市场优势，这些优势有利于企业的发展，从而使企业的服务化进程更加顺利，而对于与客户联系不深，产品对服务依赖程度较低的产业来说，企业进行服务化之后能够通过提供服务获得的市场优势有限，往往不足以弥补企业进行服务化转型过程中可能遇到的损失，这些企业进行服务化的进程也就相对比较艰难。另外，从技术层面的差距来看，产品的技术含量越高，相对于纯粹的无制造背景的服务企业，制造企业在提供售后服务方面具有专业技术优势也就越强，借助这些专业技术方面的优势，企业在进行服务化转型后经营服务业务的能力及控制服务化潜在风险的能力也会相应地增强，如果进行服务化转型，将整个产品生命周期的售后服务完全纳入自己的经营范围，企业就可以在满足消费者需求的同时发挥自身的技术特长，获取竞争优势，其服务化转型过程也就会更加顺利，因此这些行业中的企业也就更加愿意进行服务化改革。类似地，对于技术含量较低的产业来说，其在与纯粹的服务产业进行竞争时不具备相应的技术优势，服务化转型成功的概率也就相对较低。

因而，制造行业所生产的产品对服务的依赖程度会对企业进行服务化的动机及转型过程的顺利与否产生显著的影响，在对企业的服务化问题进行分析时，应该对产品对服务的依赖程度也进行全面深入的分析。

（2）要素密集度

除了制造行业本身与服务业的关联程度，行业要素密集度也会对企业的服务化决策产生影响。按照劳动力、资本和技术这三种主要的生产要素在各产业中所占的比重，也就是相对密集度的不同为标准进行划分，可以将制造业行业分为劳动密集型、资本密集型和技术密集型三种。其中劳动密集型产业是指对技术和设备的依赖程度较低而主要依靠大量使用劳动力的产业，其生产成本中工资所占比重较大。资本密集型产业是指投入要素中资本比重较高的行业，其单位产品成本中资本成本所占的比例较高。技术密集型产业则是指在生产过程中对于技术具有很强依赖性的产业，其科技人员在职工中所占比例较高，产品附加价值高，生产成本中科研费用的比重较高。分别对三种类型的制造业行业进行分析，可以看出三者在服务化的选择上存在一定的差异。

分析劳动密集型制造业服务化转型的动力机制，应当首先对劳动密集型制造业的历史发展路径有相应的了解。在过去的几十年时间中，凭借着劳动力丰富的禀赋优势，我国的劳动密集型制造业走出了一条比较符合优势的发展路径，在国际市场中获得了明显的竞争优势，市场份额也不断扩大，但是随着刘易斯转折点的到来，我国的劳动力市场发生了一系列显著的变化，劳动力工资持续攀升，企业的低成本战略难以为继，劳动力丰富的禀赋特征正在发生逆转，劳动密集型制造业的竞争优势正逐渐丢失，产业面临严峻的转型升级的压力。

对于劳动密集型制造业来说，进行服务化转型有利于产业获取新的竞争优势，扩大利润空间。典型的劳动密集型制造行业包括纺织及其制品、木材及木材制品和皮革及鞋类制品等。这些行业所生产的产品往往是一些技术含量较低、附加价值低、可替代性强的低端产品，产品的利润空间较小。面对劳动力资源成本的上升，从中短期来看，转移到海外寻求廉价劳动力市场是劳动密集型制造业的一个可能的选择，但是从长期来看，产业的转型升级才是企业的最终出路。通过服务化改革，可以促进产业向价值链的高增值方向发展，有利于改善行业当前面临的严峻的发展矛盾，推动企业竞争力的提高，帮助企业获取更高的市场占有率。因此，一般来看，劳动密集型制造业可能比较倾向于服务化改革。

资本密集型制造业生产的产品中资本成本相对于劳动成本来说所占比重较大，这也是其与劳动密集型制造业的一个重要差别。一般来看，资本密集型制造业产业对投资量的需求较大，在生产中需要投入较多的技术设备，但是能够消化吸收的劳动力相对较少。从短期来看，发展资本密集型产业对于增加就业率没有明显的促进作用，但是从长期来看，资本密集型产业的发展有利于促进经济增长，扩大就业效应。一般认为产业的发展是沿着劳动密集型产业到资本密集型产业再到技术密集型产业的路径演化发展的，发展资本密集型制造业对于我国的国民经济来说具有重要的意义。

对于资本密集型制造业来说，其服务化转型的动机不甚明确。典型的资本密集型制造行业包括纸张及印刷业、精炼石油产品及核燃料、橡胶与塑料制品及其他非金属矿物制品等。进行服务化改革，可以极大地促进制造业企业创新能力的提升，有效提高制造业的生产效率，更好地满足用户需求，对于企业的未来发展来说具有明显的促进作用。但是由于服务本身的特性，服务化改革对劳动力的数量和质量两个方面具有较高的要求。首先，随着企业向服务化转型的不断深入，消费者对于服务的需求也将不断增加，这就产生了对于劳动力的数量方面的需求。而想要发挥服务化的优势获得消费者的信任，对于劳动力的质量也有着较高的挑战。考虑到资本密集型产业本身的特点，要想在劳动力的数量和质量两个方面都满足服务化转型的要求可能存在一定的困难。因此，由于在服务化转型的过程中同时存在着机遇和挑战，很难对资本密集型制造业的服务化转型之路的去向下定论。

技术密集型制造业由于生产工艺和设备都建立在先进的科学基础之上，代表着一国的科技发展水平，在社会发展中占有重要地位，发挥着举足轻重的作用。发展技术密集型制造业，有利于提高我国的自主创新能力，促进人才资源的开发利用，对于我国提高制造业产业的国际竞争力及实施跨越式的发展战略也有着非常重要的意义，是我国制造业发展的重要转型方向，同时也是转型升级的重点促进对象。从目前的发展状况来看，我国的技术密集型产业发展呈现出两个明显的特点，一是发展水平较低，二是增速缓慢，在与发达国家进行比较时仍然存在很大的技术差距。

从产业的长远发展来看，进行服务化改革是帮助我国技术密集型制造产业在国际市场的竞争中实现弯道超车的一项重要战略，因此技术密集型制造业进行服务化转型的动力也较强。典型的技术密集型制造行业包括机械制造业、电子与光学制造业、化学品及化学制品业及交通设备制品业等。这些产品的共同特点除了技术含量高外，还有生命周期长及操作复杂等特征，进行服务化转型有利于制造企业为客户提供专业化的产品解决方案，对于提升用户的满意程度和提高产品的市场竞争力都有很大的帮助。另外，发展服务型制造的一个关键点就在于将制造业与信息化相融合，通过将数字化、网络化引入制造业发展之中，可以极大地推进制造业服务化转型的进程。技术密集型制造业本身就具有科技水平高的特点，因此在进行服务化转型的过程中实现数字化、网络化也相对更加容易，有更大的概率成功地完成服务化转型，改革的动力可能更强。所以一般认为技术密集型制造业可能更愿意也更容易进行服务化改革。

因而，不同的要素密集度制造业进行服务化的动机之间存在着一定的区别。总的来看，对于劳动密集型制造业来说，进行服务化改革，可以实现产业的价值链攀升，提高企业竞争力，改善行业的发展矛盾，因此认为劳动密集型制造业可能会倾向于进行服务化转型；对于资本密集型制造业来说，服务化一方面会给企业带来发展机遇；另一方面对于企业也提出了新的挑战，因此无法明确地看出资本密集型产业的服务化趋势如何；对于技术密集型制造业来说，其完成服务化的动力和能力都相对较强，因此认为技术密集型制造业可能更容易进行服务化转型。

3.2.2　行业竞争属性

企业的生产决策往往受到企业所处的市场环境影响，行业市场竞争水平是企业市场环境的重要组成部分，与企业是否选择服务化转型之间也存在着密切的相关关系。一般来说，可以用产业集中度指标来考察行业的竞争程度，该指标与竞争程度之间呈负相关关系，即产业集中度指标取值越大，竞争程度越小。从制造业整体服务化发展情况来看，通常行业竞争程度越高时，该行业的服务化发展程度越高，即行业市场竞争程度与服务化发展程度之间存在正相关关系，这一正向联系主要来自以下几个方面。

首先，服务化有利于制造企业在激烈的市场竞争中获取竞争优势，因此在市场竞争程度较高的行业中，企业更愿意进行服务化改革。制造行业的竞争强度大小主要与市场中企业的数量及企业所生产产品的差异化程度有关。传统制造企业的市场竞争优势一般来源于技术和产业创新带来的差异化特征，但是随着技术的发展及市场竞争程度的加剧，行业中各企业生产的物理产品的同质化程度越来越高，任何技术方向的创新都很容易被竞争对手所模仿从而丧失竞争优势，企业越来越难以通过物理产品的差异将自己与竞争对手区分开来，基于价格的竞争逐渐成为这些同质化产品制造企业获取竞争优势的主要策略。但是价格竞争易于模仿，容易招致竞争对手的报复最终两败俱伤，且价格竞争对企业本身的实力要求较高，一旦价格降低就很难恢复正常，容易使企业陷入恶性循环。而服务具有互动性和无形性两大特点，这些特点使得通过服务实现的差异化很难被竞争对手复制，因此越来越多的竞争性市场中的制造企业转而选择进行服务化转型以获取差异化竞争优势。企业通过服务化转型，可以基于用户需求改进生产的产品，从而实现产品创新，同时利用所提供的服务创建良好的用户关系，有利于提高企业在行业中的市场竞争力。

其次，为了巩固原有的客户资源，在竞争程度越高的市场中企业也越容易受到服务化转型的激励。实现服务化转型的企业与客户之间的关系更加密切，可以保证企业在竞争程度较高的市场中维持可持续发展的状态。服务的提供需要顾客的参与，是一种可以与客户建立起可持续关系的有效手段。这种基于互动基础建立的顾客关系与资产，是一种不可交换的异质性资源，能够构成企业竞争优势的基础，有效巩固企业与现有客户之间的关联强度。由于服务化要求企业与用户之间进行持续的频繁的沟通，二者之间的关系不会流于制度化，通过用户的反馈与针对产品改进的相关建议，企业可以获得独家的有关客户需求的信息，并且对产品进行有针对的改进。同时，借助制造企业在相关产品知识、设计及关键技术参数等方面的天然优势，这种由制造企业提供的服务化能够很容易地形成一种相对潜在竞争者的进入壁垒，能够有效地维持企业的市场竞争地位，保证企业在市场中的可持续发展。

再次，从企业的成本收益分析来看，市场竞争程度的提高也会促使企业做出服务化转型的决策。在市场竞争程度越高的行业中，市场利润空间越低，如何通过有效的资源整合手段，对企业内部的包括货币资产和知识等有形与无形的资产进行整合并加以充分利用，有效控制包括交易成本和生产成本在内的企业各项成本，显得尤为重要，而将制造与服务相融合进行服务化制造转型的方式则正是一个良好的解决上述问题的途径。通过服务化转型，制造企业不仅能够参与到传统的生产环节当中，还能够将触角延伸到价值链中的其他环节。根据著名的"微笑理论"，可以将产品的价值链分成三个部分，即研发与设计（投入）、生产与制造（加工）及营销与服务（输出），不同部分的价值创造能力沿图 3.2 的微笑曲线变化。链条的弯曲形状由产业链不同部分之间的增值潜力差异决定。根据穆丹比（Mudambi）的说法，生产与制造（加工）是附加值最低的活动，而曲线两端的研发与设计（投入）和营销与服务（输出）的价值创造能力则较高，提供了更高的价值潜力。在价值创造活动日益分散的情况下，制造企业应该将重点放在与最高附加值相关的活动上，即微笑曲线的两端：研发与设计、营销与服务。另外，服务化还能够为企业带来范围经济的好处，当企业生产的产品存在不同系列具有多样化特性的时候，企业依靠同一种服务就可以同时满足不同系列产品的客户需求，进而享受到规模经济效益。此外，制造业的服务化转型还能够有效提升同一价值链上其他合作厂商的价值，提升消费者的效用使消费者价值得到提升，从而提高社会的总福利。

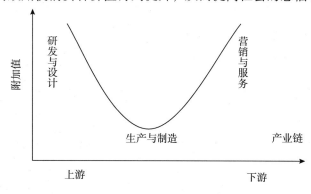

图 3.2　微笑曲线

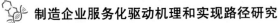

　　最后，为了维持客户的忠诚度，竞争程度较高的行业中，企业更倾向于进行服务化改革。在市场竞争程度较高的环境中，企业更加需要对用户的需求变化进行关注，因为顾客的忠诚度和较低的转换率是使企业在激烈的市场竞争中的保持优势的关键因素，而服务化导向战略则可以很好地帮助企业实现这一目标。企业对于用户需求的关注内生于用户的消费特征，由于用户的价值内生过程会随着时间和市场环境的变化发生相应的变化，通过服务化完成从单一产品到整套产品包的转变能够有效地满足用户的需求，同时也能够符合用户的预期，持续不断地对用户需求特征进行关注，可以保证用户对于企业产品的忠诚度。根据格罗斯提出的服务营销理论，企业获取竞争优势的关键就在于能够充分地了解顾客的价值内生过程，并且基于这一了解为顾客提供相对应的包括产品和服务在内的一整套产品。随着竞争程度的加剧，服务化导向的重要性也越来越高，只有那些能够为顾客创造更高价值的企业才能够赢得顾客的忠诚度，保持较低的顾客转换率，这比一味地聚焦价格竞争更加能够创造差异化竞争优势。

　　综上，在行业层面，行业属性中对产品对服务的依赖程度、要素密集度及市场竞争水平均为驱动制造企业服务化的重要因素（见图3.3）。

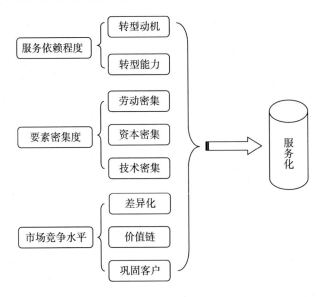

图 3.3　驱动制造企业服务化的行业属性

3.3 驱动制造企业服务化的协同机制

3.3.1 协同驱动机制的理论依据

根据以上企业特征和行业属性的分别分析，可知企业特征与行业属性对制造企业服务化选择均具有重要的影响，而且具有同时性和不可替代性。因而，考察制造企业服务化的驱动因素和机理，忽略企业特征或者行业属性任何一方面的作用都是不全面的。考虑到企业特征和行业属性二者之间还具有一定的联系，在分别分析的基础上，有必要进一步对二者驱动制造企业服务化的共同作用展开分析。

企业特征与行业属性之间具有相互作用。例如企业的创新水平受到行业基本属性和行业竞争属性的影响，高技术行业中企业的研发投入普遍高于其他行业，行业中竞争越激烈企业越倾向于通过产品创新提高自身竞争力。企业市场份额与生产成本也与行业属性具有紧密的联系。因此，企业特征和行业属性之间具有相互作用，进而共同作用于制造企业的服务化选择。这种相互作用及对结果的共同影响可以用协同理论进行解释。

协同理论主要研究处于非平衡状态时子系统间的协同作用及使系统总体由无序状态转变为有序状态的规律，是由德国物理学家哈肯（H. Haken）于20世界70年代提出的。子系统的构成和性质可以是不同的，可以是人或者是物质，协同理论关注它们的协同原理和作用，而不强调子系统的性质差异。协同理论揭示出协同作用的机理为：子系统间通过相互作用，使得子系统及各要素进行重新整合产生协同效应，即通过自组织实现系统新的有序状态，而且子系统协同产生的作用要大于各要素分别的作用之和。

协同效应的主要特征就是子系统通过协同作用会产生超过各要素分别作用效果的总和。根据协同理论的基本原理，协同的含义包括子系统之间的相互竞争及合作。具体分析，第一层内涵指的是子系统的协调与合作，主要体现在系统内部多要素之间通过协调作用，能够产生整体的有序结构；第二层内涵指的是子系统在协同中相互竞争，主要体现在在达到新的有序状态的过程中，各要素之间存在激烈的竞争关系。因而在各子系统和要素协调的过程中既存在竞争关系，也存在合作关系。

那么，针对制造企业的服务化选择问题，企业特征和行业属性均对制造企业的服务化转型产生一定的影响。制造企业服务化可以看作一种有序状态的结果，制造企业中存在企业特征与行业属性两个子系统。企业特征与行业属性之间存在相互作用，能够通过各要素的重新整合产生协同作用，使得制造企业最终选择服务化的结果。而且企业特征与行业属性之间的协同作用既存在合作，也存在竞争。企业特征与行业属性经过协调后产生的合作效果，能够加强二者分别的影响；同时，企业特征与行业属性之间存在竞争作用，可能存在某一要素作用明显大于其他要素的情况。

由于协同理论研究的问题与本书研究内容具有高度一致性，本书从协同视角对企业特征和行业属性驱动制造企业服务化的机理进行分析，能够从理论上解释制造企业服务化的根本驱动力和机制。而企业特征和行业属性作为两个子系统，能够通过相互作用形成协同效应，促进制造企业最终实现服务化转型。

3.3.2 企业特征与行业属性的协同作用

经过从企业和行业的层面分别对制造企业服务化的驱动因素进行分析，同时基于协同理论的简要梳理，下面将重点讨论制造企业服务化转型过程中，企业特征与行业属性是如何通过协同作用驱动制造企业选择服务化的。

在协同视角下，企业特征和行业属性的相互作用，产生推动制造企业服务化的协同效应。那么在这一过程中，企业层面的各因素之间及企业特征和行业属性之间都具有紧密的关系和相互的作用。企业特征与行业属性的协同作用也包括在企业层面的各因素协同及企业层面因素与行业层面因素之间的协同。

首先，是企业层面因素的协同作用。从企业层面来看，创新水平越高的企业其产品的差异性越强，在服务化过程中也有更大的概率能够提供差异化的服务，因此可以帮助企业获取较大的市场份额，即创新能力能够正向促进市场份额的提高；反过来，市场份额越高的企业其能够进行研发的能力也越强，同时为了保持其市场地位也会倾向于加大研发力度以提高其创新水平，即市场份额的增加同时也会促进创新水平的提高。同样地，通过将创新能力应用到生产技术水平的提高上，可以有效地增加企业的生产效率，降低企业的生产成本，但是反过来，为了维持较高的创新水平，企业需要持续地投入大量的研发资金，这又会在一定程度上增加企业的生产成本，因此，创新水平和生产成本之间的协同关系相对比较复杂，即同时存在着正向和负向的影响。市场份额与生产成本之间的关系相对比较明显，随着市场份额的扩大，在规模经济效应的作用下，企业的生产成本也会在一定程度上下降，而企业的生产成本越低，意味着产品的市场竞争力越强，企业的市场份额也会随之增加，二者之间有一定程度的相互促进关系。

其次，是企业层面因素和行业层面因素的协同作用。一般来说，行业层面的因素会通过市场的传导作用对企业层面的因素产生影响，而企业层面的因素则很难反过来影响行业层面的因素。从行业属性上来看，企业所生产的产品对服务的依赖程度越高，其在产品之外额外提供的服务的比例也就越大，这会在一定程度上增加企业的生产成本。而对于不同要素密集度的行业来说，劳动密集型行业中的企业一般创新水平较低，而生产成本较高，技术密集型行业中的企业往往创新水平较高而生产成本较低。从行业市场竞争程度的角度来看，随着行业竞争程度的提高，市场中企业之间的利润竞争也更加激烈，为了获取竞争优势，抢占利润空间，规避被市场淘汰的风险，企业被迫进行产品升级以应对激烈的市场竞争，因此，行业竞争程度较高的行业中的企业整体创新水平一般也较高，类似的，在市场竞争程度较高的行业中，企业除了会通过提高创新能力对产品进行升级外，还可能会选择通过各种手段降低生产成本以提高产品的竞争力，于是，随着行业竞争程度的提高，该行业中的企业的创新能力会相应提高，而生产成本则会随之下降。

服务型制造企业与传统制造企业的最大不同就在于服务程序的管理对企业所需技能要求更高，前者的运营不仅仅是生产和制造产品并把它卖出去那么简单，还需要将自身所具备的能力和知识融入服务当中，可以说，服务化的制造企业的商业模式是一种完全区别于传统制造企业的运作模式。为了获得更高的服务质量，制造企业可能需要一些新的组织原则、结构和流程。要成功实施服务化战略，企业需要改变他们的公司战略和运营方式，并且对技术和服务人员进行相应的培训，以支持组织中的各项文化和系统集成功能的转变。因此，成功实施服务化战略不仅对企业的产品服务设计、组织结构、公司战略和组织转型等提出了要求，还需要对企业能力进行适当的调整。企业特征和行业属性之间的协同作用在企业的服务化进程中起到了不容忽视的作用，对其的分析可以让我们从一个更全面、更深入的角度认识制造企业的服务化转型过程。

综上，企业特征与行业属性之间的协同作用可以用图3.4进行表示。

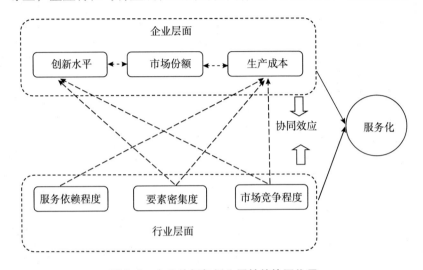

图3.4　企业特征与行业属性的协同作用

3.3.3　制造企业服务化的转型过程

服务化是先进的制造企业的特色战略之一，尤其是在当前这样一个"以顾客为导向"的商业市场中，为了使产品更加具有竞争力，同时为了产品的可持续发展及产品的差异化，进行服务化转型是制造商可以从长期业务视角进行考虑的关键战略选择之一。面对加剧的市场竞争，大量制造企业开始将注意力转向高附加值活动，他们试图开发新的更高价值的活动以获取持续的利润，保持企业的市场竞争力。这就意味着，在当今的市场环境下，传统制造企业除了作为生产者之外还必须成为创新者、供应链管理者和服务提供商，也就是说，他们必须成为服务化的制造企业。虽然服务化转型对制造企业来说意味着重大的机遇，但是从以产品为中心向以产品服务为中心进行过渡的过程，往往是缓慢而艰难的。企业在转型的过程中需要经历资源投入、组织分工等方面的种种变化和调整，本书将对制造企业的服务化转型过程进行一个简单的梳理，同时选取陕鼓集团和 IBM 公司作为国内外成功转型的企业代表，分析不同转型阶段的企业特征。

在进行服务化转型之前，传统制造业的企业发展是以资源和技术为基础的，公司的主要目标是制造出优质的产品，并且通过技能和知识的优势扩大与其他制造企业之间的差异以获取更高的市场优势。这一阶段中传统的制造企业是以产品为导向进行生产和发展的，企业与消费者之间没有任何联系。要想扩大企业的利润，只有两种方式：一是提高产品的收入（可以通过提高价格或者扩大销量实现），二是降低企业的成本。随着产品市场的逐渐成熟，市场中销售同类产品的企业数量越来越多，企业之间的同质化程度也越来越高，单纯依靠产品实现收入的增加愈发困难，企业的盈利能力受到挤压，被迫寻求新的市场利润空间。随着价格竞争的加剧，企业面临如何重新定位内部资源和能力的挑战，被迫重新考虑他们的产品。通过向价值链的上端转移，将服务整合到制造企业的经营范围之中，可以让制造企业创造出更加精细的产品和服务，使他们可以从产品的激烈竞争中解放出来，寻找新的利润来源。于是，服务化成为一些制造企业的战略选择，服务化的进程也由此展开。

之后，制造企业会步入服务化初期这一阶段。虽然企业在市场压力下会进行服务化转型，但是并不意味着转型过程是一蹴而就的，服务化不是一个容易的战略选择，制造商需要仔细设计它所提供的服务。因此，服务化初期，企业仍然以产品为主，此时的服务只占据企业的一部分资源，服务化还没有真正地形成规模。这一时期的服务只是一种依附于产品之上的附属品，企业的业务核心仍然是生产与销售产品。但是需要注意的是，这一阶段的企业的价值创造已经不仅仅是围绕产品展开了，一部分转移到了产品全生命周期的功能运用上。此时企业的业务重点不仅需要设计和制造出高性能的产品，还需要通过服务的提供来帮助用户降低成本、更高效地使用产品，服务成为企业的新的利润来源，企业完成从单一的提供产品到向用户提供货物和服务的组合的转变。

一旦克服服务化初期的各种挑战，享受到服务化带来的好处，经历过服务化的初级阶段后的企业就会开始将更多的资源投入到服务的提供当中，服务化在公司业务当中的占比越来越高，企业完成由单纯的生产和销售产品到提供

"价值包"的转变，实现以服务为导向的发展模式的变革，正式步入服务化的高级阶段。在这一阶段中，服务所占的企业资源比重进一步加大，企业提供的服务形式也愈发多样，服务不再仅仅是产品的附属，而成为企业重要的业务核心，甚至成为企业的核心利润来源。此时企业的价值创造焦点会从初级阶段的聚焦单一产品的功能向以企业整体产品的功能为核心发生转变，通过为用户提供一揽子物品和服务，企业可以突破生产能力的限制，为用户无限次地提供功能应用服务。利用服务化构建的整体性知识性网络体系，企业可以对价值创造方式进行优化。与服务化初期阶段相比，这一时期企业不仅能够为用户提供某一具体产品相关的知识和应用方法，还能够为其提供其他相关产品的知识和应用方法，甚至提供一体化的解决方法，企业创造的价值被显著放大。

经过两个阶段的服务化改革过程的发展，传统的制造企业最终会正式实现服务型制造企业的转型。在成功转型之后，企业真正完成了由"产品导向"到"服务（客户）导向"的转变，通过延伸其服务体系实现增值服务，成为一体化的产品和服务供应商，企业内部的组织模式也实现相应的转变。服务业务作为企业的核心业务，不仅是收入的主要来源，同时也是企业市场竞争力的重要体现。

以陕鼓集团为例，在经历了核心产品离心鼓风机和叶式鼓风机的销量大幅下降之后，陕鼓集团于 2001 年开始进行服务化改革。在此之前，传统的鼓风机业务的经营模式，一般是依靠引进技术、增加设备、添置人手展开的，只能满足用户的部分需求，是一种低端运营模式。但是在其前期积累的有关产品制造的专业知识和专门的技术人才资源对其用户特征进行了深入分析之后，陕鼓集团针对其用户功能需求系统性强的特点，开始着手打造专业化的公司服务队伍。陕鼓集团进行服务化改革的第一步就是与大学和公司合作研发国内首个基于网络远程管理的旋转机械远程在线监测及故障诊断中心，基于这套技术系统，陕鼓集团可以全方位、全天候地为用户提供在线的技术支持服务和故障诊断服务。向服务化迈出的这一小步无疑是成功的，2001—2004 年，陕鼓集团仅靠维修和检修两项业务就实现了年均增速 43% 的惊人发展。之后，陕鼓集团更加深入服务化转型，于 2005 年开始向系统服务商和系统解决方案商的战略转变，并且积极探索品牌和资本运营之路。这一阶段陕鼓集团的转变包括与西门子股份公司、通用电气公司等企业合作建立"陕鼓成套技术暨设备协作网",为用户提供整体解决方案;与金融机构合作,为缺乏资金的用户提供融资服务。这些活动为企业创造了巨大的收益,2005—2012 年间,陕鼓集团的产值翻了将近三倍,实现了从 25 亿元到 71.4 亿元的增长,利润额占行业总利润的 33.8%。目前,陕鼓集团确定了设备制造、工业服务和基础设施运营三大业务板块,截至 2016 年第一季度,后两项业务板块的收入占比已经达到 77.46%,服务化转型成果显著。

IBM 公司同样经历了和陕鼓集团类似的服务化转型过程。进入 20 世纪 90 年代之后,随着个人电脑和工作站功能的崛起,IBM 公司的主要收入来源大型主机业务的需求量骤减,到 1993 年时,公司累计亏损已经达到 168 亿美元,面临这一空前危机,转型势在必行。

于是,从 1993 年开始,IBM 公司着手进行一系列改革,其中的一个大型再造项目就包括在硬件开发、软件开发、执行、整体供应链、客户关系管理及服务这六大与外部市场环境紧密相关的领域进行开发和业务拓展。这次行动只是 IBM 公司跨向服务化的一次尝试,但是效果却是惊人的,1994 年,IBM 公司实现了扭亏为盈,赢利 30 亿美元。之后,IBM 公司加快了服务化改革的进程。1996 年,IBM 公司建立"全球服务部",同时提出以网络计算为核心的电子商务概念,进一步加大在服务化业务上的投资。到 2001 年,该部门实现 350 亿美元的年营收,占总收入的 42%,成为公司最大的利润和收入来源部门。2002 年,IBM 公司收购普华永道旗下的咨询和技术服务子公司,并在接下来的几年中,连续收购多家软件公司,为自身的服务业务提供相应的软件技术平台支持。扩大自身服务版图的同时,IBM 公司还进一步剥离其硬件业务,于 2005 年和 2006 年分别将其个人电脑业务和打印机业务出售给联想公司和理光公司,2007 年,IBM 公司服务业务占全年销售额的比例超过 50%。2016 年第三季度,IBM 公司的硬件系统部门营收仅占总收入的 8.15%,其余收入均来自认知解决方案部门、全球商业服务部门、技术服务及云平台部门及全球金融服务部门等服务部门,服务化程度显著提升。陕鼓集团和 IBM 公司的服务化转型过程可以归纳为表 3.1。

表 3.1　制造企业服务化转型过程

服务化转型阶段	陕鼓集团	IBM 公司
第一阶段：服务化之前	离心鼓风机、叶氏鼓风机等核心产品销量大幅下降	核心产品需求剧减，累计亏损达到 168 亿美元
第二阶段：服务化初期	开发基于网络远程管理的旋转机械远程在线监测及故障诊断中心	对六大与外部市场环境紧密相关的领域进行开发和扩展
第三阶段：服务化高级阶段	建立"陕鼓成套技术暨设备协作网"及与金融机构合作提供融资服务	建立全球服务部，扩大服务版图，剥离硬件业务
第四阶段：服务型制造时期	确定设备制造、工业服务及基础设施运营三大业务板块，服务部门收入达到 77.46%	服务部门的收入占比超过 90%

3.4　本章小结

　　本章首先分别从企业层面和行业层面对驱动制造企业服务化的企业特征和行业属性进行了讨论，具体包括企业层面的创新水平、市场份额和生产成本及行业层面的行业基本属性和行业竞争属性。进而基于协同理论对企业特征和行业属性的协同作用进行了研究，从协同视角下阐述了制造企业服务化的转型过程，并以陕鼓集团和 IBM 公司为例具体分析了服务化转型各阶段的特征。

4 制造企业服务化选择模型

4.1 基本模型

4.1.1 基本假设

制造企业服务化的过程可以看作企业之间在不同渠道上进行的价格和质量博弈所产生的结果。具体来说：在传统渠道上，制造企业只提供产品（G），而消费者购买产品之后所需要的任何与该产品相关的服务（S）由独立的服务企业提供；在服务化渠道上，服务化制造企业不仅提供物质产品，而且同时提供消费者购买该产品所需要的服务，即服务化产品（GS）。因此，服务化制造企业在市场上同时与独立的制造企业和独立的服务企业竞争，此时存在一个两阶段博弈，所有企业在第一阶段同时决定产品（或服务）的质量，在第二阶段同时决定产品的价格。

基于企业特征与行业属性的协同作用，本章以两阶段静态博弈模型为基础构建理论模型，以讨论制造企业服务化的过程和驱动机制（变量的定义见表4.1）。为了将企业特征与行业属性中的各因素纳入到模型中，提出模型的基本假设如下：

①市场中存在一个制造企业和服务企业，分别独立提供物质产品（G）和与产品配套的服务（S）。同时，存在一个服务化制造企业同时提供物质产品及产品配套的服务，即服务化产品（GS）。

②$p_i(i = G,S,\text{GS})$分别表示物质产品、服务及服务化产品的价格。

③ $q_i(i = G, S, GS)$ 分别表示物质产品、服务及服务化产品的质量。

④ $D_i(i = G, S, GS)$ 分别表示物质产品、服务及服务化产品的需求量。

⑤ γ 表示消费者对于产品质量的敏感程度，假设价格敏感度为1，因此也可以表述为质量相对于价格对于消费者的重要程度；$\eta_i(i = G, S, GS)$ 分别表示物质产品、服务及服务化产品的质量成本系数，代表了企业想要实现期望质量水平的困难程度。

⑥ $\theta(0 \leqslant \theta \leqslant 1)$ 表示物质产品对于服务的依赖程度，即想要完全发挥产品的功能在多大程度上需要产品的配套服务。当 θ 等于1时，表示要想使用该产品必须有服务配套。例如，对于复印机来说，复印机使用过程中需要的墨水的添加、卡纸的处理及本地打印机网络的安装等，使用者经过简单的学习之后就可以熟练地掌握，因而使用者对于全面的文档服务的依赖性很低；反之，对于航空发动机来说，必须进行定时的维护及维修，而这些维护及维修工作必须由发动机企业专业的技术工人完成，因而航空发动机的使用对于服务的依赖性是极高的。

⑦ $\varphi(0 \leqslant \varphi \leqslant 1)$ 表示传统渠道和服务化渠道之间的替代性。当 φ 等于1时，表示服务化产品和单独的物质产品与服务的组合之间存在很高的替代性；相反，当 φ 等于0时，即表示二者之间不存在替代性，分别各自垄断所在的产品市场。例如，汽车的使用人群可以分为两类，一类选择购买汽车，一类选择租用汽车。其中前者属于传统渠道，产品和服务各自相互独立；而后者属于服务化渠道，租赁公司同时提供产品和服务而消费者只付一次费用。一般来说，这两类消费者都不会转变成另一类消费者，因为这是两个存在明显差异的市场。

⑧ $\alpha_i(i = G, S, GS)$ 分别表示制造企业、服务企业及服务型制造企业的基础市场占有量。不失一般性，假设 $\alpha_G + \alpha_{GS} = 1$，同时 $\alpha_G > \alpha_{GS}$，这是由于只有当物质产品在传统渠道的渗透率达到一定程度时服务化产品才会出现。

表 4.1　变量的定义

变量	定　义
θ	服务的依赖程度
φ	传统渠道和服务化渠道之间的替代性
γ	对质量的敏感程度
$\alpha_G + \alpha_{GS} = 1$	基础市场占有量（$i = G,\ S,\ GS$）
η_i	质量成本系数（$i = G,\ S,\ GS$）
p_i	产品或服务的价格（$i = G,\ S,\ GS$）
q_i	产品或服务的质量（$i = G,\ S,\ GS$）
D_i	产品或服务的需求量（$i = G,\ S,\ GS$）

注：下标 G、S、GS 分别表示制造产品、服务及服务化产品。

4.1.2　需求函数

在研究框架及基本假设确定之后，需求函数形式的确定是模型构建的关键。由于影响需求的因素有很多，因而在考量不同因素对于需求的影响时，所构建的需求函数形式也会存在很大的差异。黄（Huang）等对于在决策模型中需求函数的构建做了一个详细的综述，不同的需求函数不仅在数学形式上存在很大差异，同时能包含的影响因素也存在差异，具体情况见表4.2。

表 4.2　需求函数的分类

数学形式	影响需求的因素					
	价格	折扣	提前期	空间	质量	广告
一般形式	√	√		√	√	√
柯布道格拉斯	√			√		
固定支出	√					
指数	√					
线性	√	√	√		√	
可分离对数					√	√
对数	√					
超越对数	√					
基于效用函数	√	√	√		√	

注：√表示该形式的需求函数包含对应的影响因素。

本章考察的是企业之间在不同渠道上所进行的价格和质量博弈，对照表 4.2，同时参考班克（Banker）等及伯恩斯坦（Bernstein）和费鲁德恩（Federgruen）的研究成果，考虑到解的存在性及可获得性，构建价格和质量影响的线性需求函数，具体形式如下：

$$D_G = \alpha_G - p_G - \theta p_S + \varphi p_{CS} + \gamma(q_G + \theta q_S - \varphi q_{CS}) \tag{4.1}$$

$$D_{CS} = \alpha_{CS} - p_{CS} + \varphi(p_G + \theta p_S) + \gamma(q_{CS} - \varphi(q_G + \theta q_S)) \tag{4.2}$$

$$D_S = \alpha_S - p_S + \gamma q_S \tag{4.3}$$

在式（4.1）中，产品的需求受到了传统渠道产品和服务的价格及质量、服务化渠道服务化产品的价格及质量的线性影响，式（4.2）的形式与式（4.1）相同，但是对于服务的需求来说，其只受到其自身的价格及质量的影响，因为在传统渠道中，服务是作为产品的补充而存在的，只有在产品已经销售的条件下服务才会存在。

4.1.3 企业利润函数

企业的利润由销售收入减去各项成本得来。在企业的成本核算中，成本费用可以划分为两大类：制造成本和期间费用。制造成本是指按产品分摊的、与生产产品直接相关的费用构成项目，即直接材料、直接工资、其他直接支出和制造费用。期间费用是指在一定会计期间内所发生的与生产经营没有直接关系或关系不大的各种费用构成项目，即销售成本（也叫营业成本，过去叫经营成本），管理成本及财务成本。基于已有假设和框架，要考察的是企业之间的价格和质量博弈，因而在此处，只考虑与质量相关的制造成本。同时为简化模型并且不失合理性，对于存在的期间成本，假设各企业之间不存在差异，而影响期间成本的因素不在模型讨论的范围之内，因而不失一般性，假设各企业的期间成本相同，都为零。

考虑质量对于企业成本的影响，竞争性厂商的质量成本函数一般为凹函数。同时，由于不同企业的技术水平可能存在差异，实现相同质量水平所需要付出的费用也可能存在差异。因此，企业的成本函数由质量成本系数及产品的质量水平两部分因素来决定。参考尼利等的研究成果，假设企业具有 $C(q_i) = \frac{1}{2}\eta_i(q_i)$ 形式的质量成本函数，其中 C 表示成本。

根据以上内容，各个企业的利润函数表示如下：

$$\pi_G = D_G p_G - \frac{1}{2}\eta_G (q_G)^2 \tag{4.4}$$

$$\pi_S = D_S p_S - \frac{1}{2}\eta_S (q_S)^2 \tag{4.5}$$

$$\pi_{GS} = D_{GS} p_{GS} - \frac{1}{2}\eta_{GS} (q_{GS})^2 \tag{4.6}$$

式 (4.4)、式 (4.5)、式 (4.6) 具有相同的形式，分别表示制造企业、服务企业及服务化企业的利润，分别由企业的销售收入减去质量成本得到。

4.2　不同竞争模式下的制造企业服务化选择模型

4.2.1　竞争模式一：制造企业、服务企业与服务化企业

首先，讨论第一种竞争模式，即制造企业和服务企业分别作为独立的实体存在于市场中，而与此同时，服务化企业也独立地存在于市场中（见图4.1）。在这种竞争模式下，制造企业和服务企业分别独立地向消费者提供产品和服务，并各自独立设定产品和服务的最优价格和质量水平，进而实现利润最大化。同样地，服务化企业独立地向消费者提供服务化产品并设定最优的价格及质量水平以获取最大利润。

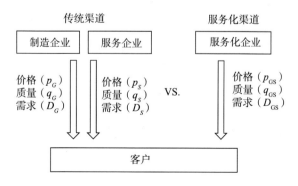

图 4.1　竞争模式一示意图

在此处，为了保证利润最大化条件能实现，企业的利润函数 $\pi_i (i = G, S, GS)$ 必须满足是 p_i 和 q_i 的严格的凹函数，即 $\pi_i (i = G, S, GS)$ 的海森矩阵为负定矩阵。因此，提出以下的命题。

命题1：如果质量成本系数充分大于消费者对于质量的敏感程度，则利润函数是价格和质量的严格的凹函数。具体来说，当 $\eta_G > \gamma^2 / 2$ 时，π_G 是 p_G 和 q_G 的严格的凹函数。同样地，当 $\eta_S > \gamma^2 / 2$ 时，π_S 是 p_S 和 q_S 的严格的凹函数；当 $\eta_{GS} > \gamma^2 / 2$ 时，π_{GS} 是 p_{GS} 和 q_{GS} 的严格的凹函数。

命题1的证明过程如下：

对于制造企业，π_G 的海森矩阵为

$$H_G = \begin{pmatrix} \dfrac{\partial^2 \pi_G}{\partial p_G^2} & \dfrac{\partial^2 \pi_G}{\partial p_G q_G} \\ \dfrac{\partial^2 \pi_G}{\partial q_G p_G} & \dfrac{\partial^2 \pi_G}{\partial q_G^2} \end{pmatrix} = \begin{pmatrix} -2 & \gamma \\ \gamma & -\eta_G \end{pmatrix} \tag{4.7}$$

很容易看出一阶顺序主子式的值为 -2，π_G 是严格的凹函数则要求二阶顺序主子式的值大于零，即 $2\eta_G - \gamma^2 > 0$，即 $\eta_G > \gamma^2 / 2$。

对于服务企业，同理可得 π_S 的海森矩阵为

$$H_S = \begin{pmatrix} -2 & \gamma \\ \gamma & -\eta_S \end{pmatrix} \tag{4.8}$$

一阶顺序主子式的值为 -2，π_S 是严格的凹函数则要求二阶顺序主子式的值大于零，即 $2\eta_S - \gamma^2 > 0$，即 $\eta_S > \gamma^2 / 2$。

对于服务化企业，同理可得 π_{GS} 的海森矩阵为

$$H_{GS} = \begin{pmatrix} -2 & \gamma \\ \gamma & -\eta_{GS} \end{pmatrix} \tag{4.9}$$

一阶顺序主子式的值为 -2，π_{GS} 是严格的凹函数则要求二阶顺序主子式的值大于零，即 $2\eta_{GS} - \gamma^2 > 0$，即 $\eta_{GS} > \gamma^2 / 2$。

以上，证明了利润最大化的存在性，进而说明企业的最优价格和质量水平的存在性。因此，下面将按照逆向归纳法，求解子博弈精炼纳什均衡，从而得到不同企业的最优的价格和质量水平。

首先，价格对应的利润最大化的一阶条件为

$$
\begin{cases}
\dfrac{\partial \pi_G}{\partial p_G} = 0 \\[2mm]
\dfrac{\partial \pi_S}{\partial p_S} = 0 \\[2mm]
\dfrac{\partial \pi_{GS}}{\partial p_{GS}} = 0
\end{cases}
\tag{4.10}
$$

通过对式（4.10）进行求解，得各个企业设定的最优价格为

$$
p_G^* = \frac{\gamma(-2+\varphi^2)(2q_G+\theta q_S)+(2\theta-4-\varphi^2\theta)\alpha_G+2\varphi(\gamma q_{GS}-\alpha_{GS})}{2(-4+\varphi^2)}
\tag{4.11}
$$

$$
p_S^* = \frac{\gamma q_S + \theta\alpha_G}{2}
\tag{4.12}
$$

$$
p_{GS}^* = \frac{2\gamma(-2+\varphi^2)q_{GS}+2\gamma\varphi(2q_G+\theta q_S)q_G-(2+\theta^2)\varphi\alpha_G-4\alpha_{GS}}{2(-4+\varphi^2)}
\tag{4.13}
$$

可以看出，在传统渠道中，产品的质量对产品的价格有积极的作用，质量越高产品可以设定的最优价格也越高；但是服务化产品的质量对于传统渠道的产品的价格有负向的作用，服务化产品的质量越高，传统渠道产品所能设定的最优价格也就越低，这也说明了替代效应的存在。此外，可以看出基础市场占有量越大，对应产品向消费者所能索取的价格也就越高，随着市场占有量的增加，索取的价格也随之上升。这也说明了市场份额对于企业的重要性，即较高的市场份额能使企业获得更大的市场优势从而获得更高的定价，进而获取更多的利润，同时也为企业实现其他战略提供了良好的经济基础。

在得到价格对应的利润最大化的一阶条件下的最优价格之后，将式（4.11）、式（4.12）、式（4.13）分别代入式（4.4）、式（4.5）、式（4.6），从而得到质量对应的利润最大化的一阶条件为

$$
\begin{cases}
\dfrac{\partial \pi_G}{\partial q_G} = 0 \\[2mm]
\dfrac{\partial \pi_S}{\partial q_S} = 0 \\[2mm]
\dfrac{\partial \pi_{GS}}{\partial q_{GS}} = 0
\end{cases}
\tag{4.14}
$$

通过求解式（4.14）得到各个企业设定的最优质量为

$$q_G^* = \frac{4\gamma^3 \Psi_2^2 \{\varphi\alpha_{GS}\Lambda_{2S} + \alpha_G[\Lambda_{2S} + \theta^2\Lambda_S(1 + \Psi_2)]\} - 2\gamma\eta_{GS}\Psi_2[(2\alpha_G + \varphi\alpha_{GS})\Lambda_{2S} + \theta^2\alpha_G\Lambda_S\Psi_2]\Psi_4}{\Lambda_{2S}[4\gamma^4\Psi_2^2(1 + \Psi_2) - 2\gamma^2(\eta_G + \eta_{GS})\Psi_2^2\Psi_4 + \eta_G\eta_{GS}\Psi_4^3]}$$

$$(4.15)$$

$$q_S^* = -\frac{\gamma\theta\alpha_G}{\Lambda_{2S}} \tag{4.16}$$

$$q_{GS}^* = \frac{4\gamma^3(\varphi\alpha_G + \alpha_{GS})\Psi_2^2 - 2\gamma[2\alpha_{GS}\Lambda_{2S} + \varphi\alpha_G(\theta^2\Lambda_S + \Lambda_{2S})]\eta_G\Psi_2\Psi_4}{\Lambda_{2S}[4\gamma^4\Psi_2^2(1 + \Psi_2) - 2\gamma^2(\eta_G + \eta_{GS})\Psi_2^2\Psi_4 + \eta_G\eta_{GS}\Psi_4^3]} \tag{4.17}$$

其中，$\Lambda_{2GS} - \gamma^2 - 2\eta_{GS}$，$\Lambda_{GS} - \gamma^2 - \eta_{GS}$，$\Lambda_{2S} - \gamma^2 - 2\eta_S$，$\Lambda_S - \gamma^2 - \eta_S$，$\Lambda_{2G} = \gamma^2 - 2\eta_G$，$\Lambda_G = \gamma^2 - \eta_G$，$\Psi_1 = \varphi^2 - 1$，$\Psi_2 = \varphi^2 - 2$，$\Psi_3 = \varphi^2 - 3$，$\Psi_4 = \varphi^2 - 4$。

进一步，将式（4.15）、式（4.16）、式（4.17）代入式（4.11）、式（4.12）、式（4.13）中，得到各个企业设定的最优价格为

$$p_G^* = \frac{\Psi_4\eta_G\left(\begin{array}{l}\alpha_G\{\Psi_4\eta_{GS}[(\theta^2\Psi_2 + 4)\eta_S - \gamma^2(\theta^2\Psi_2 + 2)] + \\ 2\gamma^2\Psi_2[(\theta^2\Psi_1 + 2)\Lambda_S - \gamma^2]\} + \varphi\alpha_{GS}\Lambda_{2S}(2\gamma^2\Psi_2 - \Psi_4\eta_{GS})\end{array}\right)}{\Lambda_{2S}[\Psi_4\eta_G(\Psi_4^2\eta_{GS} - 2\gamma^2\Psi_2^2) + 2\gamma^2\Psi_2^2(2\gamma^2\Psi_1 - \Psi_4\eta_{GS})]}$$

$$(4.18)$$

$$p_S^* = -\frac{\theta\alpha_G\eta_S}{\Lambda_{2S}} \tag{4.19}$$

$$p_{GS}^* = \frac{\Psi_4\eta_{GS}\left(\begin{array}{l}2\alpha_{GS}\Lambda_{2S}(\gamma^2\Psi_2 - \Psi_4\eta_G) + \varphi\alpha_G\{2\gamma^2\Psi_2\Lambda_{2S} - \\ \Psi_4\eta_G[(\theta^2 + 2)\Lambda_S - \gamma^2]\}\end{array}\right)}{\Lambda_{2S}[\Psi_4\eta_G(\Psi_4^2\eta_{GS} - 2\gamma^2\Psi_2^2) + 2\gamma^2\Psi_2^2(2\gamma^2\Psi_1 - \Psi_4\eta_{GS})]} \tag{4.20}$$

至此，如式（4.15）～式（4.20）所示，各个企业在实现利润最大化时的最优价格水平及最优质量水平均可以用等式右边的信息来计算得到。而借用已经得到的结果，进一步计算得到各个企业的利润，进而通过分析比较两种渠道的利润之间的关系，可以得到企业获得竞争优势的条件，这些内容将在下一部分详细分析。

4.2.2 竞争模式二：一体化企业与服务化企业

在4.2.1中，考虑了传统渠道的制造企业及服务企业分别独立地在市场中与服务化渠道的服务化企业竞争的情况。在这种模式下，当服务化企业的利润渐渐高于制造企业时，制造企业就会同样寻求实现服务化以增加自身的利润。

因此，在这一小节将详细分析传统渠道的制造企业和服务企业实现了一体化之后（具体情况可能是制造企业整合了服务企业或者是被服务企业整合，在此处具体的整合形式不影响研究结论）市场的竞争情况（见图4.2）。需要注意的是，传统渠道下制造企业和服务企业虽然以一个整体进入市场，但是仍然各自独立地进行价格及质量决策。

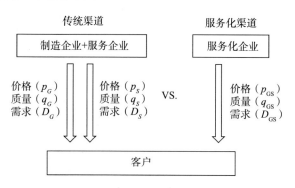

图4.2　竞争模式二示意图

在此处，定义 π_{G+S} 为一体化企业的组合利润。同样地一体化企业的利润 π_{G+S} 及服务化企业的利润 π_{GS} 都必须满足是价格和质量的严格的凹函数。因此，提出以下命题：

命题2：一体化企业的利润 π_{G+S} 是 p_G、q_G、p_S 及 q_S 的严格的凹函数，当 $\eta_{GS} > \gamma^2/2$ 时，π_{GS} 是 p_{GS} 和 q_{GS} 的严格的凹函数。

证明过程如下：

对于一体化企业，π_{G+S} 的海森矩阵为

$$H = \begin{pmatrix} -2 & \gamma & -\theta & \gamma\theta \\ \gamma & -\eta_G & 0 & 0 \\ -\theta & 0 & -2 & \gamma \\ \gamma\theta & 0 & \gamma & -\eta_S \end{pmatrix} \qquad (4.21)$$

当以下条件满足时，π_{G+S} 是严格的凹函数，即

（1）一阶顺序主子式为负，即

$$-2 < 0, \ -\eta_G < 0, \ -2 < 0, \ -\eta_S < 0 \qquad (4.22)$$

（2）二阶顺序主子式为正，即

$$2\eta_S - \gamma^2 > 0 , \eta_G \eta_S > 0 , 2\eta_G > 0 , 2\eta_S - \theta^2 \gamma^2 > 0 , 4 - \theta^2 > 0 , 2\eta_G - \gamma^2 > 0$$
$$(4.23)$$

（3）三阶顺序主子式为负，即

$$\gamma^2 \eta_G - 2\eta_G \eta_S < 0 , 2\gamma^2 - 4\eta_S + \theta^2 \eta_S < 0 , -\gamma^2 \theta^2 \eta_G + \gamma^2 \eta_S - 2\eta_G \eta_S < 0$$
$$(4.24)$$

$$2\gamma^2 - 4\eta_G + \theta^2 \eta_G < 0 \qquad (4.25)$$

（4）四阶顺序主子式为正，即

$$\gamma^4 - 2\gamma^2 \eta_G - 2\gamma^2 \eta_S + 4\eta_G \eta_S - \theta^2 \eta_G \eta_S > 0 \qquad (4.26)$$

对于服务化企业利润最大化的存在性，证明过程同 4.2.1 命题 1 中的证明过程。

证明了利润最大化的存在性，进而说明企业的最优价格和质量水平的存在性。因此，下面同样将按照逆向归纳法，求解子博弈精炼纳什均衡，从而得到不同企业的最优的价格和质量水平。

首先，价格对应的利润最大化的一阶条件为

$$\begin{cases} \dfrac{\partial \pi_{G+S}}{\partial p_G} = 0 \\[2mm] \dfrac{\partial \pi_{G+S}}{\partial p_S} = 0 \\[2mm] \dfrac{\partial \pi_{GS}}{\partial p_{GS}} = 0 \end{cases} \qquad (4.27)$$

通过解（4.27）得各个企业设定的最优价格为

$$p_G^* = \frac{(-2 + \varphi^2)[-2\gamma q_G + \theta(-\gamma q_S + \theta \alpha_G)] + 4\alpha_G + 2\varphi(\alpha_{GS} - \gamma q_{GS})}{8 - 2\varphi^2 + \theta^2(-2 + \varphi^2)}$$
$$(4.28)$$

$$p_S^* = \frac{(-2 + \varphi^2)(\gamma \theta q_G + \gamma \theta^2 q_S - \theta \alpha_G) + \gamma \theta \varphi q_{GS} + (4 - \varphi^2)\gamma q_S - \theta \varphi \alpha_{GS}}{8 - 2\varphi^2 + \theta^2(-2 + \varphi^2)}$$
$$(4.29)$$

$$p_{GS}^* = \frac{\gamma[4 - \theta^2 + (-2 + \theta^2)\varphi^2]q_{GS} - 2\gamma \varphi q_G - \gamma \theta \varphi q_S + 2\varphi \alpha_G + (4 - \theta^2)\alpha_{GS}}{8 - 2\varphi^2 + \theta^2(-2 + \varphi^2)}$$
$$(4.30)$$

在得到价格对应的利润最大化的一阶条件下的最优价格之后，将式

（4.28）、式（4.29）、式（4.30）分别代入利润函数 π_{G+S} 及 π_{GS} 中，得到质量对应的利润最大化的一阶条件为

$$\begin{cases} \dfrac{\partial \pi_{G+S}}{\partial q_G} = 0 \\[3mm] \dfrac{\partial \pi_{G+S}}{\partial q_S} = 0 \\[3mm] \dfrac{\partial \pi_{GS}}{\partial q_{GS}} = 0 \end{cases} \qquad (4.31)$$

通过解式（4.31）得到各个企业设定的最优质量为

$$q_G^* = \frac{\left\{\begin{array}{l}\gamma\Theta_4\Psi_2\varphi\alpha_{GS}[2\gamma^2(\Theta_2\Psi_1+2)-(\Theta_2\Psi_2+4)\eta_{GS}]\Lambda_{2S} \\[1mm] +\alpha_G\{[2\gamma^2(\Theta_2\Psi_1+2)](\Lambda_{2S}-\theta^2\Psi_1\Lambda_S)-(\Theta_2\Psi_2+4)\eta_{GS}(2\Lambda_{2S}-\theta^2\Psi_2\Lambda_S)\}\end{array}\right\}}{\left\{\begin{array}{l}\gamma\Theta_4\Psi_2[2\gamma^2\Psi_1(\Theta_2\Psi_1+2)-\Psi_2(\Theta_2\Psi_2+4)\eta_{GS}]\Lambda_{2S} \\[1mm] +\eta_G\left\{\begin{array}{l}2\gamma^4(-2\Psi_2+\theta^2\Psi_1)[\theta^2(3\Psi_2+2)+2\Psi_2\Psi_4] \\[1mm] +(2\Psi_4-\theta^2\Psi_2)\{2\gamma^2(\Psi_4^2+2\theta^2\Psi_2)\eta_{GS}+[2\gamma^2(_2^\theta\Psi_1+2)2-(_2^\theta\Psi_2+4)2\eta_{GS}]\eta_S\}\end{array}\right\}\end{array}\right\}}$$

$$(4.32)$$

$$q_S^* = \frac{-\left\{\gamma\theta\left\{\begin{array}{l}(\Theta_4\varphi\Psi_2\alpha_{GS}\eta_G)[2\gamma^2(\Theta_2\Psi_1+2)-(\Theta_2\Psi_2+4)\eta_{GS}] \\[1mm] +\alpha_G\left\{\begin{array}{l}2\gamma^4\Theta_4\Psi_2\Psi_1(\theta^2\Psi_1-2\Psi_2)+2\gamma^2(\theta^2\Psi_1-2\Psi_2)\left[\begin{array}{l}2\Psi_2(\Psi_4-2)+\theta^4\Psi_2\Psi_1 \\[1mm] -2\theta^2(7-8\varphi^2+2\varphi^4)\end{array}\right]\eta_G \\[1mm] +(2\Psi_4-\theta^2\Psi_2)\left\{\gamma^2\Theta_4\Psi_2^2+\left[\begin{array}{l}\theta^4\Psi_2^2+\theta^2(-28+22\varphi^2-4\varphi^4) \\[1mm] +2(24-12\varphi^2+\varphi^4)\end{array}\right]\eta_G\right\}\eta_{GS}\end{array}\right\}\end{array}\right\}\right\}}{\left\{\begin{array}{l}\gamma\Theta_4\Psi_2[2\gamma^2\Psi_1(\Theta_2\Psi_1+2)-\Psi_2(\Theta_2\Psi_2+4)\eta_{GS}]\Lambda_{2S} \\[1mm] +\eta_G\left\{\begin{array}{l}2\gamma^4(-2\Psi_2+\theta^2\Psi_1)[\theta^2(3\Psi_2+2)+2\Psi_2\Psi_4] \\[1mm] +(2\Psi_4-\theta^2\Psi_2)\{2\gamma^2(\Psi_4^2+2\theta^2\Psi_2)\eta_{GS}+[2\gamma^2(_2^\theta\Psi_1+2)2-(_2^\theta\Psi_2+4)2\eta_{GS}]\eta_S\}\end{array}\right\}\end{array}\right\}}$$

$$(4.33)$$

$$q_{GS}^* = \frac{\left\{\begin{array}{l}2\gamma(\theta^2\Psi_1-2\Psi_2)\left\{\begin{array}{l}\varphi\alpha_G\{\gamma^2\Theta_4\Psi_2\Lambda_{2S}+\eta_G[\gamma^2(2\Psi_4+2\theta^2\Psi_3-\theta^4\Psi_2)+2(\Theta_2\Psi_2+4)\eta_S]\} \\[1mm] +\Theta_4\alpha_{GS}\{\gamma^2\Psi_2\Lambda_{2S}-\eta_G[\gamma^2\Psi_4+(\Theta_2\Psi_2+4)\eta_S]\}\end{array}\right\}\end{array}\right\}}{\left\{\begin{array}{l}\gamma\Theta_4\Psi_2[2\gamma^2\Psi_1(\Theta_2\Psi_1+2)-\Psi_2(\Theta_2\Psi_2+4)\eta_{GS}]\Lambda_{2S} \\[1mm] +\eta_G\left\{\begin{array}{l}2\gamma^4(-2\Psi_2+\theta^2\Psi_1)[\theta^2(3\Psi_2+2)+2\Psi_2\Psi_4] \\[1mm] +(2\Psi_4-\theta^2\Psi_2)\{2\gamma^2(\Psi_4^2+2\theta^2\Psi_2)\eta_{GS}+[2\gamma^2(_2^\theta\Psi_1+2)2-(_2^\theta\Psi_2+4)2\eta_S]\eta_S\}\end{array}\right\}\end{array}\right\}}$$

$$(4.34)$$

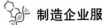

进一步，将式（4.32）、式（4.33）、式（4.34）代入式（4.28）、式（4.29）、式（4.30）中，从而得到各个企业设定的最优价格为

$$
p_G^* = \frac{-\left\{(\theta^2\Psi_2 - 2\Psi_4)\eta_G\left\{\begin{array}{l}\varphi\alpha_{GS}[2\gamma^2(\Theta_2\Psi_1+2)-(\Theta_2\Psi_2+4)\eta_{GS}]\Lambda_{2S}\\+\alpha_G\left[\begin{array}{l}2\gamma^2(\Theta_2\Psi_1+2)(\Lambda_{2S}-\theta^2\Psi_1\Lambda_S)\\-(\Theta_2\Psi_2+4)\eta_{GS}(2\Lambda_{2S}-\theta^2\Psi_2\Lambda_S)\end{array}\right]\end{array}\right\}\right\}}{\begin{array}{l}\gamma\Theta_4\Psi_2[2\gamma^2\Psi_1(\Theta_2\Psi_1+2)-\Psi_2(\Theta_2\Psi_2+4)\eta_{GS}]\Lambda_{2S}\\+\eta_G\left\{\begin{array}{l}2\gamma^4(-2\Psi_2+\theta^2\Psi_1)[\theta^2(3\Psi_2+2)+2\Psi_2\Psi_4]\\+(2\Psi_4-\theta^2\Psi_2)\{2\gamma^2(\Psi_4^2+2\theta^2\Psi_2)\eta_{GS}+[2\gamma^2(\frac{\theta}{2}\Psi_1+2)2-(\frac{\theta}{2}\Psi_2+4)2\eta_{GS}]\eta_S\}\end{array}\right\}\end{array}}
$$

$$(4.35)$$

$$
p_S^* = \frac{-\left\{\theta\left\{\varphi\alpha_{GS}\eta_G\left\{\begin{array}{l}[2\gamma^2(\Theta_2\Psi_1+2)-(\Theta_2\Psi_2+4)\eta_{GS}][\gamma^2(\Theta_3\Psi_2+2)-(\Theta_2\Psi_2+4)\eta_S]\\+\alpha_G\left\{\begin{array}{l}2\gamma^4\Theta_4\Psi_2\Psi_1(\theta^2\Psi_1-2\Psi_2)+2\gamma^2(\theta^2\Psi_1-2\Psi_2)\left[\begin{array}{l}2\Psi_2(\Psi_4-2)+\theta^4\Psi_2\Psi_1\\-2\theta^2(7-8\varphi^2+2\varphi^4)\end{array}\right]\eta_G\}\\+(2\Psi_4-\theta^2\Psi_2)\left\{\gamma^2\Theta_4\Psi_2^2+\left[\begin{array}{l}\theta^4\Psi_2^2+\theta^2(-28+22\varphi^2-4\varphi^4)\\+2(24-12\varphi^2+\varphi^4)\end{array}\right]\eta_G\right\}\eta_{GS}\end{array}\right\}\right\}\right\}}{\begin{array}{l}\gamma\Theta_4\Psi_2[2\gamma^2\Psi_1(\Theta_2\Psi_1+2)-\Psi_2(\Theta_2\Psi_2+4)\eta_{GS}]\Lambda_{2S}\\+\eta_G\left\{\begin{array}{l}2\gamma^4(-2\Psi_2+\theta^2\Psi_1)[\theta^2(3\Psi_2+2)+2\Psi_2\Psi_4]\\+(2\Psi_4-\theta^2\Psi_2)\{2\gamma^2(\Psi_4^2+2\theta^2\Psi_2)\eta_{GS}+[2\gamma^2(\frac{\theta}{2}\Psi_1+2)2-(\frac{\theta}{2}\Psi_2+4)2\eta_{GS}]\eta_S\}\end{array}\right\}\end{array}}
$$

$$(4.36)$$

$$
p_{GS}^* = \frac{\left\{\eta_{GS}(\theta^2\Psi_2-2\Psi_4)\left\{\begin{array}{l}\varphi\alpha_G\{\gamma^2\Theta_4\Psi_2\Lambda_{2S}+\eta_G[\gamma^2(2\Psi_4+2\theta^2\Psi_3-\theta^4\Psi_2)+2(\Theta_2\Psi_2+4)\eta_S]\}\\+\Theta_4\alpha_{GS}\{\gamma^2\Psi_2\Lambda_{2S}-\eta_G[\gamma^2\Psi_4+(\Theta_2\Psi_2+4)\eta_S]\}\end{array}\right\}\right\}}{\begin{array}{l}\gamma\Theta_4\Psi_2[2\gamma^2\Psi_1(\Theta_2\Psi_1+2)-\Psi_2(\Theta_2\Psi_2+4)\eta_{GS}]\Lambda_{2S}\\+\eta_G\left\{\begin{array}{l}2\gamma^4(-2\Psi_2+\theta^2\Psi_1)[\theta^2(3\Psi_2+2)+2\Psi_2\Psi_4]\\+(2\Psi_4-\theta^2\Psi_2)\{2\gamma^2(\Psi_4^2+2\theta^2\Psi_2)\eta_{GS}+[2\gamma^2(\frac{\theta}{2}\Psi_1+2)2-(\frac{\theta}{2}\Psi_2+4)2\eta_{GS}]\eta_S\}\end{array}\right\}\end{array}}
$$

$$(4.37)$$

以上结果中，$\Lambda_{2GS}=\gamma^2-2\eta_{GS}$，$\Lambda_{GS}=\gamma^2-\eta_{GS}$，$\Lambda_{2S}=\gamma^2-2\eta_S$，$\Lambda_S=\gamma^2-\eta_S$，$\Lambda_{2G}=\gamma^2-2\eta_G$，$\Lambda_G=\gamma^2-\eta_G$，$\Psi_1=\varphi^2-1$，$\Psi_2=\varphi^2-2$，$\Psi_3=\varphi^2-3$，$\Psi_4=\varphi^2-4$，$\Theta_4=\theta^2-4$，$\Theta_2=\theta^2-2$。

根据以上结果，可以计算出一体化企业及服务化企业的利润。结果表明，当一体化企业的基础市场占有量大于服务化企业，即 $\alpha_G>\alpha_{GS}$ 时，传统渠道中实现一体化的企业的利润始终大于服务化渠道中的服务化企业的利润。但是，当服务化企业的市场占有量大于某一个值时，服务化渠道中的服务化企业的利润将大于传统渠道中的一体化企业的利润。这表明，企业实现服务化策略并不一定总是一个好的选择，而需要根据自身的情况做出合理的判断。当一体化企业的市场占有量小于服务化企业的市场占有量，即 $\alpha_G < \alpha_{GS}$ 时，服务化渠道相比于其他渠道拥有竞争优势。此时，制造企业需要根据自身所处的行业及企业自身的特点部署合适的服务化策略以获取竞争优势，进而获取更多的利润。

4.2.3　制造企业服务化驱动因素分析

在上一部分，通过求解模型得到了各个企业在实现利润最大化时的最优价格水平及最优质量水平，从而各个企业的利润也是计算可得的。因此，很容易得到，企业的利润 π_i ($i = G$, S, GS) 是 θ、φ、γ、α_i 以及 η_i 的函数，即会受到这些因素的影响，因此需要分析这些因素会如何影响企业的利润。由于竞争性企业的成本结构不是研究重点，因而假设所有的成本系数对于不同的企业来说是相同的，因此对于质量成本系数有：$\eta = \eta_G = \eta_S = \eta_{GS}$。为了比较两种渠道的企业的利润之间的关系，提出以下命题：

命题 3：θ 和 φ 分别存在一个门限值，当 θ 和 φ 均大于这个门限值且 $\alpha_{GS}\eta > \gamma^2/2$ 时，服务化企业的利润 π_{GS} 大于制造企业的利润 π_G。

命题 3 的证明过程如下：

为了证明服务的依赖程度 θ 与传统渠道和服务化渠道之间的替代性 φ 的门限值的存在性，考察服务化企业和制造企业之间的利润差额（$\pi_{GS} - \pi_G$）是如何随着 θ 和 φ 的变化而变化的。

（1）当 $\theta = \varphi = 0$ 时，可得

$$\pi_{GS} - \pi_G = \frac{(1 - 2\alpha_{GS})\eta}{2(\gamma^2 - 2\eta)} \tag{4.38}$$

由于 $\alpha_G > \alpha_{GS}$，则很容易得到 $\pi_{GS} - \pi_G$ 的符号为负。

（2）当 $\theta = \varphi = 1$ 时，可得

$$\pi_{GS} - \pi_G = \frac{(2\gamma^2 - 9\eta)(\gamma^2 - 2\alpha_{GS}\eta)}{3(4\gamma^2 - 9\eta)(\gamma^2 - 2\eta)} \tag{4.39}$$

由于 $\alpha_{GS}\eta > \gamma^2/2$，同时其他构成部分 $\gamma^2 - 2\eta$、$4\gamma^2 - 9\eta$ 及 $2\gamma^2 - 9\eta$ 在上文中凹函数的条件下符号均为负，则可得 $\pi_{GS} - \pi_G$ 的符号为正，即服务化企业的

利润 π_{GS} 大于制造企业的利润 π_G。

因此,可以确定 θ 和 φ 分别存在一个门限值 $\tilde{\theta}$ ($0 < \tilde{\theta} < 1$) 和 $\tilde{\varphi}$ ($0 < \tilde{\varphi} < 1$),使得当 θ 和 φ 分别大于 $\tilde{\theta}$ 和 $\tilde{\varphi}$ 时,服务化企业的利润 π_{GS} 大于制造企业的利润 π_G。在这种情况下,独立的制造企业将会寻求改变自身的产品供应结构进而实现服务化的策略以追求更高的利润。命题 3 所得到的结论也与以往制造企业服务化文献中所得到的实证结果一致,如维斯尼奇·卡斯塔利(Visnjic Kastalli)和范·卢伊(Van Looy)、苏亚雷斯(Suarez)等人的研究,即制造企业服务化并不总是能保证获得更大的利润,而必须满足一定的条件。此外,对于基础市场占有量来说,如果随着市场的变化,服务化企业的市场占有量不断扩大以至于超过制造企业的市场占有量,即 $\alpha_{GS} > \alpha_G$,此时,在满足 $\alpha_{GS}\eta > \gamma^2/2$ 的条件下,服务化企业的利润 π_{GS} 将始终大于制造企业的利润 π_G。因此,在市场环境发生变化的情况下,传统渠道的参与者将考虑通过实现服务化来增加自身的利润。

进一步考虑两种渠道提供的产品(或服务)的质量水平的差异。考虑到传统渠道产品和服务的独立性,此处用组合质量来表示传统渠道所提供的产品加服务的质量水平,即用 $q_G^* + \theta q_S^*$ 来表示。从而,可以用 $\Delta q^* = q_{GS}^* - (q_G^* + \theta q_S^*)$ 来表示两种渠道最优质量水平的差异。首先考虑以下几种情况:

(1) $\theta = 0$,$\varphi = 0$

此时,可以得到

$$\Delta q^* = \frac{\gamma(1 - 2\alpha_{GS})}{(\gamma^2 - 2\eta)} \tag{4.40}$$

由于 $1 - 2\alpha_{GS} > 0$ 及 $\gamma^2 - 2\eta < 0$,因此 Δq^* 恒小于 0。

(2) $\theta = 1$,$\varphi = 1$

此时

$$\Delta q^* = \frac{2\gamma(-9 + 8\alpha_{GS})}{4\gamma^2 - 9\eta} - \frac{5\gamma(-1 + \alpha_{GS})}{\gamma^2 - 2\eta} \tag{4.41}$$

由于 $\dfrac{2\gamma(-9 + 8\alpha_{GS})}{4\gamma^2 - 9\eta} - \dfrac{5\gamma(-1 + \alpha_{GS})}{\gamma^2 - 2\eta} < \dfrac{2\gamma(-9 + 8\alpha_{GS})}{4\gamma^2 - 8\eta} - \dfrac{5\gamma(-1 + \alpha_{GS})}{\gamma^2 - 2\eta} = $

$\dfrac{\gamma(1 - 2\alpha_{GS})}{2(\gamma^2 - 2\eta)} < 0$,因此 Δq^* 同样恒小于 0。

（3）$\theta = 1$，$\varphi = 0$

此时

$$\Delta q^* = \frac{\gamma^3(1 - 2\alpha_{GS}) + \gamma\eta(-3 + 5\alpha_{GS})}{(\gamma^2 - 2\eta)^2} \quad (4.42)$$

由于 $\dfrac{\gamma^3(1 - 2\alpha_{GS}) + \gamma\eta(-3 + 5\alpha_{GS})}{(\gamma^2 - 2\eta)^2} < \dfrac{\gamma^3(1 - 2\alpha_{GS}) - 3\gamma\eta(1 - 2\alpha_{GS})}{(\gamma^2 - 2\eta)^2} =$

$\dfrac{\gamma(1 - 2\alpha_{GS})}{(\gamma^2 - 2\eta)} < 0$，因此 Δq^* 恒小于 0。

（4）$\theta = 0$，$\varphi = 1$

此时

$$\Delta q^* = \frac{2\gamma(1 - 2\alpha_{GS})}{4\gamma^2 - 9\eta} \quad (4.43)$$

同（1），很容易得到 Δq^* 恒小于 0。

以上结果表明，在各种情况下，服务化渠道产品的质量水平始终低于传统渠道的产品的质量水平。在这些情况下，相比命题 2 中的制造企业，服务化企业不需要提供高质量的产品，因为在 θ 和 φ 取较大值的情况下，即使产品的质量水平较低，服务化渠道仍然具有竞争优势。实际上，无论 θ 和 φ 取值如何，传统渠道产品的质量水平都具有优势，但是在 θ 和 φ 取值接近 1 时，对于传统渠道的企业是不利的，因为此时能获得的利润较少。因此，为了解决这种困境，处于传统渠道的制造企业应该实行差异化战略以降低自身产品的可替代性，同时尽可能简化与产品配套的服务以降低对于服务的依赖性。

4.3　两种竞争模式的比较与选择

4.3.1　制造企业服务化的竞争优势

实际上，竞争模式一中的制造企业为了获取竞争优势有两条战略路径可以选择。第一就是制造企业可以通过整合一个服务企业重新以一个整体进入市场从而获取竞争优势，但仍然各自独立地进行价格及质量决策。第二就是通过直接将服务整合到自身的产品中来，即同时提供产品和产品所需要的服务，即制造企业服务化。为了比较上文中的两种竞争模式，使用下标1、2来予以区分，例如，分别用 p_{GS1} 和 p_{GS2} 来表示竞争模式一和竞争模式二中服务化产品的价格。

利润水平是企业最后做决策的决定性因素，在此处，用 $\Delta\pi_1 = \pi_{GS1} - \pi_{G1}$ 来表示竞争模式一中服务化企业与制造企业之间的利润差额，用 $\Delta\pi_2 = \pi_{GS2} - \pi_{G+S2}$ 来表示竞争模式二中服务化企业与一体化企业之间的利润差额。据此，提出以下命题：

命题4：相比于竞争模式二，服务的依赖程度 θ 和传统渠道与服务化渠道之间的替代性 φ 的取值越大，服务化策略在竞争模式一中越能获取更大的竞争优势。

命题4的证明过程如下：

（1）当 $\theta = 0$，$\varphi = 0$ 时，容易得到：

$$\Delta\pi_1 - \Delta\pi_2 = 0 \tag{4.44}$$

（2）当 $\theta = 1$，$\varphi = 1$ 时，根据命题3的证明过程，应该考虑到以下的约束条件：

$$2\gamma^2 - 4\eta_S + \theta^2\eta_S < 0 \Rightarrow \gamma^2 < \frac{3}{2}\eta \tag{4.45}$$

$$2\gamma^2 - 4\eta_G + \theta^2\eta_G < 0 \Rightarrow \gamma^2 < \frac{3}{2}\eta \tag{4.46}$$

$$\gamma^4 - 2\gamma^2\eta_G - 2\gamma^2\eta_S + 4\eta_G\eta_S - \theta^2\eta_G\eta_S > 0 \Rightarrow (\gamma^2 - 3\eta)(\gamma^2 - \eta) > 0 \tag{4.47}$$

$$\gamma^2 < 2\eta \tag{4.48}$$

式（4.47）进而等价于 $\gamma^2 > 3\eta$ 或者 $\gamma^2 < \eta$。

综合考虑以上条件，约束条件可以简化为 $\gamma^2 < \eta$。

此处，为比较 $\Delta\pi_1$ 与 $\Delta\pi_2$ 的大小，可将约束条件 $\gamma^2 < \eta$ 改写为 $\gamma^2 = a\eta$ （$0 < a < 1$），从而当 $\theta = 1$，$\varphi = 1$ 时，有：

$$\Delta\pi_1 - \Delta\pi_2 = \frac{(-9 + 2a)(a - 2\alpha_{GS})}{54 - 51a + 12a^2} + \frac{\left\{ \begin{aligned} &2(5625 + a\{-7075 + a[1650 + (505 - 141a)]\}) \\ &+ 5\alpha_{GS}\left\{ \begin{aligned} &-5250 + 2a[4285 + a(-2145 + 329a)] \\ &-5\{-300 + 49a[11 + (-6 + a)a]\}\alpha_{GS} \end{aligned} \right\} \end{aligned} \right\}}{50[25 + 7(-4 + a)a]^2} \tag{4.49}$$

可以证明，此时 $\Delta\pi_1 - \Delta\pi_2$ 恒大于0。

综上，命题4得证。

命题4的结论表明，当服务的依赖程度 θ 和传统渠道与服务化渠道之间的

替代性 φ 的取值较大时，在竞争模式一中（即制造企业和服务企业分别独立存在于市场中时），服务化渠道拥有更大的竞争优势，而在竞争模式二中（即制造企业和服务企业实现了一体化的情况下），服务化渠道拥有的竞争优势将会低于其在竞争模式一中拥有的竞争优势。因此，在产品和市场情况满足一定条件的情况下，制造企业会追求实现服务化从而获得竞争优势进而获取更多的利润。此外，相对于已有文献证实的产品创新、产品的复杂程度、全球化及组织结构会影响制造企业服务化和企业绩效的关系外，服务的依赖程度 θ 和传统渠道和服务化渠道之间的替代性 φ 同样在制造企业服务化和企业绩效之间起了很重要的作用。

4.3.2　企业质量成本系数的影响

在上面的内容中讨论过了服务的依赖程度 θ 和传统渠道与服务化渠道之间的替代性 φ 两个参数存在的门限效应，即 θ 和 φ 分别存在一个门限值，当 θ 和 φ 均大于这个门限值时，服务化企业的利润 π_{GS} 大于制造企业的利润 π_G，但是并没有进一步研究门限值的大小会受到哪些因素的影响。实际上，质量成本系数 η 和 θ、φ 两个参数的门限值之间存在一个显著的关系，即随着质量成本系数的降低，企业可以以更少的投资来获取更大的竞争优势。基于此，服务化企业可以制定相应的策略来使自身获得更多的利润。具体表述如以下命题：

命题5：服务化企业可以通过提高自身的质量成本系数来降低服务的依赖程度 θ 和传统渠道与服务化渠道之间的替代性 φ 两个参数的门限值，从而在 θ 和 φ 更大的取值范围内获得比非一体化制造企业更大的竞争优势。

证明过程如下：

由上文可得门限效应的存在条件，即：$\gamma^2 - 2\alpha_{GS}\eta_{GS} < 0$ 且 $\gamma^2 - 2\eta_{GS} < 0$。同时，由于 $\alpha_{GS} < \alpha_G$，因此，可以将上述约束条件改写为

$$\gamma^2 = a\eta \quad (0 < a < 1) \tag{4.50}$$

服务企业和制造企业的利润差额为

$$\Delta\pi_1(\eta_{GS}) = \pi_{GS1}(\eta_{GS}) - \pi_{G1}(\eta_{GS}) \tag{4.51}$$

当质量成本系数增大时，服务企业和制造企业的利润差额可以表示为

$$\Delta\pi_1(b\eta_{GS}) = \pi_{GS1}(b\eta_{GS}) - \pi_{G1}(b\eta_{GS}) \tag{4.52}$$

其中 $b > 1$。

则当 $\theta = 1$，$\varphi = 1$ 时，有

$\Delta\pi_1(\eta_{GS}) - \Delta\pi_1(b\eta_{GS})$

$$= 2a(-1+b)[9+2(-5+a)a+3\alpha_{GS}]\frac{\left\{\begin{array}{l}4(-2+a)a(-9+2a)\\-3[81+10(-6+a)a]b\\+3(9-4a)b\alpha_{GS}\end{array}\right\}}{\left\{\begin{array}{l}9(-2+a)^2(-9+4a)\\[9b-2a(1+b)]^2\end{array}\right\}}$$

$$(4.53)$$

易得 $\Delta\pi_1(\eta_{GS}) - \Delta\pi_1(b\eta_{GS}) > 0$。

即表明随着质量成本系数的下降，服务企业和制造企业的利润差额增大了。同时，由于

$$\frac{\partial[\Delta\pi_1(b\eta_{GS})]}{\partial b} < 0, \frac{\partial[\pi_{GS1}(b\eta_{GS})]}{\partial b} < 0, \frac{\partial[\pi_{G1}(b\eta_{GS})]}{\partial b} > 0 \quad (4.54)$$

因此，$\Delta\pi_1(\eta_{GS}) - \Delta\pi_1(b\eta_{GS}) > 0$ 在给定的条件下恒成立，即表明具有更好的成本效率的服务化企业在 θ 和 φ 更大的取值范围内获得比制造企业更大的竞争优势，即命题 5 得证。

基于以上的结论，服务化企业存在着提升成本效率的激励，因此当可以通过投入实现降低成本的目标时，企业的管理者需要在投入和渠道竞争力上做出权衡以做出对自身最优的决策。大量学者如甄和盖鲍尔等人的研究成果也表明对于服务化策略的有效性来说，成本是一个重要的调节变量。

4.4　本章小结

本章基于企业特征和行业属性的协同作用构建制造企业服务化选择的理论模型。分别讨论了服务型制造企业与制造企业、服务企业，和服务型制造企业与兼并服务企业的制造企业两种竞争模式下的企业决策问题，进而对具体的企业特征和行业属性的影响展开理论分析。最后比较了两种情况下制造企业服务化的竞争优势及企业质量成本系数的影响，分析制造企业的服务化决策。

5 来自中国制造业上市公司的实证检验

5.1 实证研究设计

5.1.1 拟检验的假设与研究思路

根据对驱动制造企业服务化的理论机制进行分析，构建制造企业服务化选择模型，可知制造企业在激烈的市场竞争下，为了追求利润最大化，受到企业层面因素及行业层面因素的协同作用，会选择服务化转型。那么，本章重点是通过中国制造业上市公司数据进行实证检验，以进一步验证制造企业服务化的驱动因素和影响机制。

根据理论模型的分析，得到两个主要结论。一是制造企业选择服务化会带来企业利润的提高，这也是促进制造企业服务化转型的根本原因。二是企业特征和行业属性的协同作用对制造企业服务化选择的影响，具体包括企业的生产成本、市场份额，及制造企业服务化与传统制造企业两种渠道之间的可替代性，产品对于服务的依赖程度，均会影响企业的服务化选择及利润。因此，在实证检验部分，重点要研究和拟检验的假设如下：

检验假设 1：制造企业服务化的选择导致企业利润增加；

检验假设 2：制造企业服务化的影响因素包括企业特征与行业属性的共同作用。

围绕以上两个拟检验的假设，将实证研究分为两个部分。

实证检验的第一部分是检验制造企业服务化是否带来了企业利润的提升。

具体的实证研究思路如下：

根据制造企业样本数据，可以分为两组样本，一组样本是传统制造企业并没有提供任何服务，另一组样本是提供服务业务的服务化制造企业。根据两组企业样本，可以对其利润水平进行比较。为了避免直接计算平均值进行比较产生的内生性偏误问题，选择倾向得分匹配方法（propensity score method）进行检验。

倾向得分匹配方法的基本思想是，对于在处理组（服务化制造企业）的个体 i，与在控制组（传统制造企业）的某个体 j，可以通过一个或多个可测变量 x 的取值尽可能地相似或匹配。对于 x_i 和 x_j 之间的相似程度或距离，罗森鲍姆（Rosenbaum）和鲁宾（Rubin）提出可以使用倾向得分计算这一差距。个体 i 的倾向得分是在 x_i 一定的情况下，个体 i 进入处理组的条件概率，即 $p(x_i) = P(D_i = 1 | x = x_i)$，或者被记为 $p(x)$。通常情况下，可以使用参数估计 $p(x)$（如 Probit 回归或 Logit 回归）。那么，使用倾向得分来计算处理组与控制组两个个体之间距离的好处是，它不仅可以将多个可观测变量转化为一个一维变量，而且它的取值介于 $[0, 1]$ 之间。当个体 i 和个体 j 的倾向得分相等或近似相等时，基于可忽略性假设，则个体 i 和个体 j 进入处理组的概率相近，因此具有可比性。可以将 $y_i - y_j$ 作为个体 i 的处理效应。那么，将每个个体都如此进行匹配后，对处理组中每个个体的处理效应取平均值，则得到匹配估计量，即平均处理效应（ATT）。

根据倾向得分匹配方法的基本思路，第一步需要确定协变量 x。尽量将可能影响 y 的相关变量都考虑进来，以保证可忽略性假设得到满足。如果协变量 x 的选择不恰当或者变量太少，则可能导致不满足可忽略性假设，估计结果出现偏差。第二步是采用 Logit 回归估计倾向得分。第三步根据所得到的倾向得分进行匹配，此时要求处理组与控制组的标准化差距不超过 10%。对于 x 的标准化差距可以用公式表示为

$$\frac{|\overline{x}_{\text{treat}} - \overline{x}_{\text{control}}|}{\sqrt{(s_{x,\text{treat}}^2 + s_{x,\text{control}}^2)/2}} \tag{5.1}$$

其中，下标 treat 指处理组，下标 control 指控制组，s 指样本标准差。

最后根据匹配后的样本计算得到平均处理效应。对于处理组的平均处理效应 ATT 估计的表达式为

$$\hat{ATT} = \frac{1}{N_1} \sum_{i,D_i=1} (y_i - \hat{y}_{0i}) \tag{5.2}$$

其中，$N_1 = \sum_i D_i$ 指处理组的个体数，$\sum_{i,D_i=1}$ 指对处理组个体进行加总。类似的，对于控制组的平均处理效应 ATU 的估计可以用下面的公式进行表示：

$$\hat{ATU} = \frac{1}{N_0} \sum_{j,D_j=0} (y_{1j} - \hat{y}_j) \tag{5.3}$$

其中，$N_0 = \sum_j (1 - D_j)$ 指控制组的个体数，$\sum_{j,D_j=0}$ 指对控制组个体进行加总。那么，对于既包括处理组也包括控制组的样本，平均处理效应 ATE 的估计可以表示为

$$\hat{ATE} = \frac{1}{N} \sum_{i=1}^{N} (\hat{y}_{1i} - \hat{y}_{0i}) \tag{5.4}$$

其中，$N = N_0 + N_1$ 指样本容量；如果 $D_i = 1$，则 $\hat{y}_{1i} = y_i$；如果 $D_i = 0$，则 $\hat{y}_{0i} = y_i$。

在根据倾向得分进行匹配时，有多种不同的方法。最常用的方法为近邻匹配法（nearest neighbor matching）、核匹配法（kernel matching）等。近邻匹配法是寻找倾向得分最近的不同组的个体，可以为 1 对 1 匹配，也可以是半径匹配再计算均值。核匹配方法属于整体匹配法，每个个体的匹配结果为不同组的全部个体，根据不同的个体距离给予不同的权重大小，离得近的权重大，离得远的权重小。如果使用核函数来确定权重大小，则为核匹配法。为了保证结果的稳健性和可信性，选择近邻匹配和核匹配两种方法进行倾向得分匹配估计。

实证检验的第二部分是检验制造企业服务化选择的影响机制。企业是否服务化的虚拟变量作为被解释变量，此时为二值选择变量，因此可以采用 Logit 回归方法进行实证分析。Logit 回归除了被解释变量为不连续的二值变量，还需要注意的一点是，回归得到的各变量估计系数并非边际效应，其系数并不具有大小含义，需要单独进行计算。而且判断 Logit 回归的拟合优度需要计算正确预测的百分比。Logit 模型基本思路是：

在解释变量 x 一定的情况下，对于被解释变量 y（取值为 0 或 1），将解释变量 x 与被解释变量 y 连接起来的函数 $F(x, \beta)$ 是连接函数。通过选择合适的 $F(x, \beta)$，使得 $0 \le \hat{y} \le 1$，并且可以理解成为使 $y = 1$ 发生的概率：

$$E(y \mid x) = 1 \cdot P(y = 1 \mid x) + 0 \cdot P(y = 0 \mid x) = P(y = 1 \mid x) \quad (5.5)$$

如果 $F(x, \beta)$ 是逻辑分布的累积分布函数，则 Logit 模型可以表示为

$$P(y = 1 \mid x) = F(x, \beta) = \varphi(x'\beta) = \frac{\exp(x'\beta)}{1 + \exp(x'\beta)} \quad (5.6)$$

显然，Logit 模型为非线性模型，可以使用最大似然法（MLE）进行估计。

5.1.2 数据来源与变量选择

基于 Wind 数据库，在全部 A 股 3171 家上市公司中，属于制造业的企业共有 2057 家，占比为 64.87%。选择制造业全部上市公司，所属证监会行业代码为 13 ~ 42。从制造业上市公司的成立时间来看，最晚成立的时间是 2009 年，而一部分上司公司 2016 年的年报还未披露，为了保证数据的连续性和完整性，本书选择 2011—2015 年数据，获得平衡面板数据。

在从 Wind 数据库中选择变量数据时，根据所要研究的问题，依次选择上市公司的基本信息，包括证券代码、公司名称、经营范围、所处省份、所属证监会行业名称与代码、公司所有权属性、成立日期，和各年的经营相关数据，包括净资产收益率 ROE（平均）、总资产利润率 ROA（平均）、营业总收入、营业收入、营业总成本、营业成本、营业利润、利润总额、净利润、营业外收入、资产总计、员工总数、研发支出总额占营业收入比例、营业外收入、政府补助。

关于主要变量制造企业服务化的选择的衡量，参考肖挺和维斯尼奇等人的研究，根据上市公司的经营范围进行确定，如果经营范围中包括"服务"内容，则认定该企业属于服务化制造企业。

关于企业经营绩效变量的选择，由于理论模型部分讨论的是制造企业服务化前后利润的比较，因此在实证部分选择反映企业利润的绝对值变量及利润率等相对值变量。企业的利润指标选择包括企业总利润、营业利润及净利润 3 个指标；企业的利润率指标选择包括企业的总资产利润率（ROA）、净资产利润率（ROE）及成本利润率和销售利润率 4 个指标。上市公司各年的总利润、营业利润、净利润、ROA 和 ROE 可以直接从 Wind 数据库中获取，成本利润率由企业营业利润与营业成本之比计算得到，销售利润率由企业营业利润与企业

营业收入之比计算得到。

在采用倾向得分匹配方法检验服务化企业是否具有更高的利润时,对服务化企业与无服务企业两组样本进行匹配,需要选择合适的匹配变量。根据现有文献的一般做法,选择企业年龄、企业规模、企业资本劳动比和企业所有权性质作为匹配变量(见表5.1)。其中,企业年龄由上市公司的成立年份计算得到,企业规模采用企业总资产的对数值进行衡量,企业的资本劳动比用总资产与人员数之比进行衡量,企业的所有权性质用是否为国有企业、是否为外资企业和是否为民营企业进行反映。根据上市公司披露的信息,企业属性为所有权性质,具体包括中央国有企业、地方国有企业、民营企业、公众企业、集体企业、外资企业和其他企业。对以上7种所有制类型进行合并处理,将中央国有企业和地方国有企业合并作为国有企业,民营企业和公众企业合并作为私营企业,集体企业和其他企业合并作为其他企业。因此,经过合并后的4种所有制类型,以其他企业为参照,加入3个虚拟变量,分别为是否国有企业、是否外资企业和是否私营企业。

表5.1 倾向得分匹配的变量选择

变量类别	处理组	控制组
	服务化制造企业	传统制造企业
结果变量	经营绩效:企业利润 & 利润率	
匹配变量	1 企业年龄:年份 – 成立时间	
	2 企业规模:总资产取对数	
	3 企业资本劳动比:总资产与人员数之比	
	4 企业所有权性质:是否国有虚拟、是否外资虚拟、是否私营虚拟	

以上市公司是否服务化的虚拟变量作为被解释变量。根据理论机制分析与模型构建,Logit 回归方程的解释变量(见表5.2)包括来自企业层面的因素及行业层面的因素。具体的,企业层面因素实证检验中变量选择企业成本、研发投入、市场份额、企业年龄、企业规模、资本劳动比、所有权性质;行业层面因素变量选择行业属性及行业竞争程度。

表 5.2　Logit 回归的变量选择

类型		变量名称	衡量指标	单位
被解释变量		企业是否服务化	企业经营范围包括服务则为1，否则为0	—
解释 变量	企业 层面	企业成本	营业成本与营业收入之比	%
		企业研发投入	研发支出总额占营业收入比例	%
		企业市场份额	营业收入占行业所有上市公司收入总和比重	%
		企业年龄	年份 – 成立时间	年
		企业规模	总资产取对数	元
		企业资本劳动比	总资产与人员数之比	元/人
		企业所有权	是否为国有企业	—
	行业 层面	产品对服务依赖度	行业中服务化企业占比	%
		两种竞争模式替代性	行业中企业数	个

企业层面变量，企业的成本采用营业成本与营业收入之比进行衡量；企业研发投入采用 Wind 数据库中研发支出总额占营业收入比例进行衡量；企业的市场份额采用上市公司的营业收入占所在行业所有上市公司当年收入总和的比重进行衡量，虽然上市公司收入总和并不能完全反映各行业的总销售收入，然而无论是除以所有上市公司销售收入总和还是除以制造业所有企业（包括非上市企业）的收入总和，该变量均不影响计量回归结果；企业年龄根据上市公司成立年份计算得到；企业规模采用总资产取对数进行表示；企业资本劳动比采用总资产与人员数之比进行衡量；企业的所有权性质，选择是否国有变量。

行业层面变量，在理论模型和理论机制分析中，产品与服务的可替代性是重要的影响因素，那么在实证检验部分，这一变量采用行业的服务化企业数量占比进行衡量。如果服务化企业在行业中的比例较高，表明该制造行业的产品与服务具有较高的替代性，反之则替代性较低。另一个重要的行业因素为制造企业服务化与传统制造企业两种模式的可替代性，在实证检验部分选择采用行业竞争程度来反映两种模式的可替代性。如果市场竞争程度激烈，那么可替代性较高；如果市场垄断水平较高，则制造企业服务化与传统制造企业之间的替代性较低。考虑到数据的可得性，运用行业中上市公司数量进行反映。如果行业中上市企业数量较多，表明该行业具有较高的竞争水平，企业进入门槛较低，行业竞争激烈；反之则表示该行业垄断水平较高。

表 5.3 为实证研究涉及的变量（除了企业所有权虚拟变量）的描述性统计结果，各变量的最小值、最大值、均值及标准差。具体包括 PSM 检验中匹配变量和结果变量及 Logit 回归中的被解释变量和解释变量。

由于 PSM 检验过程是对照组与处理组控制基本特征之后检验被解释变量的差异情况，而 Logit 回归方程中涉及变量之间的多重共线性问题，因而仅针对 Logit 回归中涉及的所有变量进行相关系数分析。相关系数矩阵见表 5.4，除了企业成本变量，其他企业因素与行业特征均对被解释变量企业是否服务化有显著影响，初步验证了研究假设的合理性。另外，表 5.4 中最后一列数据为模型中解释变量和控制变量的方差膨胀因子（VIF）。根据检验结果可知这些变量的 VIF 均小于 4，意味着实证中的 Logit 回归模型中变量之间不存在显著的多重共线性问题。

表 5.3 实证研究中变量描述性统计

变量名称	最小值	最大值	均值	标准差
总利润	-1.60×10^{10}	4.58×10^{10}	2.77×10^{8}	1.39×10^{9}
营业利润	0.00	6.61×10^{11}	4.46×10^{9}	1.75×10^{10}
净利润	-1.70×10^{10}	4.01×10^{10}	2.23×10^{8}	1.17×10^{9}
ROE	-722.031	413.749	10.018	21.602
ROA	-87.391	119.277	6.499	8.859
成本利润率	-1058.087	210.635	0.090	10.704
销售利润率	-61.394	8.385	0.057	0.990
企业年龄	1.000	56.000	14.895	5.232
企业规模	17.019	26.961	21.436	1.291
企业资本劳动比	54978.27	3.60×10^{8}	1644598.00	4134565.00
企业是否服务化	0.000	1.000	0.577	0.494
企业成本收入比	0.000	1.515	0.715	0.173
企业研发投入	0.000	137.450	4.515	5.247
企业市场份额	0.000	0.778	0.014	0.045
产品对服务依赖程度	0.222	0.861	0.577	0.127
两种竞争模式替代性	4.000	292.000	147.266	88.905

表5.4 相关系数矩阵

变量	1	2	3	4	5	6	7	8	9	10	VIF
企业是否服务化	1										
企业成本收入比	-0.0076	1									1.19
企业研发投入	0.0931***	-0.2115***	1								1.14
企业市场份额	0.0355**	0.0905***	-0.0887	1							1.13
企业年龄	0.0478***	0.1655	-0.0810*	0.0435*	1						1.12
企业规模	0.1264***	0.3040***	-0.1342***	0.2193*	0.2722***	1					1.56
企业资本劳动比	0.0697***	0.0931***	0.0368**	0.0316	0.0554*	0.3579***	1				1.17
企业是否国有	0.1073***	0.2870***	-0.0691*	0.1125*	0.2392***	0.4150***	0.0926*	1			1.28
产品服务依赖程度	0.2522	-0.0309*	0.2426*	-0.0838*	-0.1083**	-0.0768***	-0.0391**	-0.0323*	1		1.39
竞争模式替代性	0.1315***	-0.0947*	0.2408***	-0.2695***	-0.0427	-0.0813*	0.0316*	-0.0424	0.5009***	1	1.47

***、**和*分别代表在1%、5%和10%水平上显著。

5.2　制造企业服务化效果的实证检验

5.2.1　PSM 的相关检验

在进行倾向得分结果分析之前，首先进行 PSM 的相关检验，以保证结果的有效性和可信性。倾向得分匹配要求需要满足两个假设条件，一是平行假设，二是共同支撑假设。

首先，检验 PSM 是否满足平行假设。平行假设条件要求匹配后的处理组与控制组变量的偏差要显著下降，以保证匹配后的处理组与控制组变量差异较小，或是说无显著差异。采用 pstest 命令检验各个匹配结果是否较好地平衡了各匹配变量。从表 5.5 的结果来看，匹配后各个匹配变量的标准化偏差均小于5%。根据罗森鲍姆和鲁宾的观点，匹配后变量的标准偏差值的绝对值显著小于 20 可以认为匹配方法合适且效果较好，匹配的估计结果比较可靠。与匹配前的结果相比，大部分变量的标准化偏差均大幅缩小，尤其是企业规模的偏差经过匹配后从 18.8% 下降到 0.8%，是否私营和是否国有的虚拟变量的标准化偏差也明显缩小。

表 5.5　匹配前后的样本特征对比

变量	样本	平均值		标准偏差/%
		处理组	控制组	
企业年龄	匹配前	15.122	14.779	6.6
（Old）	匹配后	15.122	15.043	1.5
企业规模	匹配前	21.552	21.313	18.8
（Size）	匹配后	21.552	21.543	0.8
资本劳动比	匹配前	1.7×10^6	1.6×10^6	2.2
（Kl）	匹配后	1.7×10^6	1.6×10^6	1.9
是否外资	匹配前	0.032	0.042	−5.4
（F）	匹配后	0.032	0.035	−1.8

变量	样本	平均值		标准偏差/%
		处理组	控制组	
是否私营	匹配前	0.658	0.739	−17.7
(Private)	匹配后	0.658	0.653	1.1
是否国有	匹配前	0.294	0.204	21.0
(State)	匹配后	0.294	0.299	−1.4

图 5.1 能够更加直观地看出各变量的标准化偏差变化情况。明显的，经过匹配后各变量的偏差大幅缩减，分布情况从相对分散到较为集中，均分布于以 0 为轴的两侧且左右偏差均小于 5%。

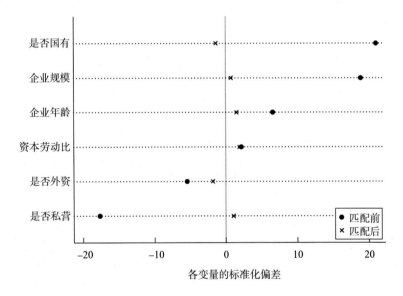

图 5.1 平行假设检验

然后，检验 PSM 是否满足了共同支撑假设。共同支撑假设要求处理组与控制组的样本特征分布有一定的重叠，以保证匹配结果的质量。在每一年内 2057 个样本数据的各个匹配结果中，几乎所有的样本均在共同取值范围中（on support），只有个别匹配结果有几个样本不在共同取值范围中（off support）。因此在进行倾向得分匹配时仅损失很少量的样本，满足共同支撑假设。采用 psgraph 命令进行验证，结果见图 5.2。从图中可以直观地看出，大多数观测样本均在共同取值范围内。

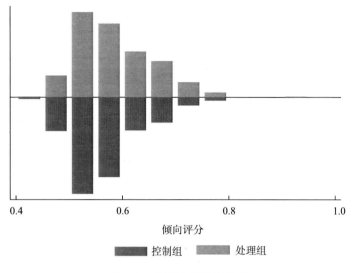

图 5.2 共同支撑假设检验

因此，实证检验过程中，在对处理组的服务型制造企业与控制组的传统制造企业的基本特征进行控制之后，PSM 估计满足了平行假设和共同支撑假设，其结果是有效且可信的。

5.2.2 基于 PSM 的制造企业服务化效果检验

首先采用 PSM 方法检验制造企业服务化对企业经营效果的影响。根据第 4 章的理论模型分析，制造企业实施服务化会增加企业的利润水平。因此，选择企业的总利润、营业利润及净利润分别进行检验。以企业年龄、企业规模、企业资本劳动比及企业的所有权性质虚拟变量作为匹配变量。

基于近邻匹配法中的一对一匹配，企业总利润作为结果变量，ATT 估计值为 0.983，对应的 T 值为 3.29，大于 1.96 的临界值，在 1% 水平上显著。表明中国制造业上市公司实施服务化的企业，平均总利润比没有实施服务化的企业高出 0.983 亿元。企业营业利润作为结果变量，ATT 的估计结果为 0.847，且对应的 T 值为 5.04，在 1% 统计水平上显著。以企业净利润为结果变量，ATT 的估计值为 0.911，仍然是在 1% 水平上显著。

为了保证结果的稳健性，同时采用核匹配方法进行匹配。从企业总利润、营业利润和净利润的 ATT 结果来看，与近邻匹配结果相比较为相似略有不同，但仍然在 1% 水平上显著。因此，制造企业实施服务化与没有服务化的传统制造企业相比，平均利润水平较高。

如果没有基于控制变量进行匹配进而得到 ATT 值，而是直接计算服务化企业与传统制造企业的利润水平。从 2015 年的结果来看，1187 家服务化制造企业的平均总利润为 3.541 亿元，平均营业利润为 2.847 亿元，平均净利润为 2.833 亿元；而 870 家传统制造企业的平均总利润为 1.733 亿元，平均营业利润为 1.372 亿元，平均净利润为 1.315 亿元。如果直接进行比较，服务化制造企业的平均总利润、营业利润和净利润分别高出传统制造企业 1.808 亿元、1.475 亿元和 1.518 亿元，均高于 PSM 的 ATT 结果。这说明如果不对样本的基本信息进行控制，直接计算两组样本的企业经营绩效，会导致估计结果偏向高度服务化的效果。而在控制了样本基本特征之后采用近邻匹配或核匹配所得到的估计结果更为可信。

然而，企业利润水平较高并不一定表明具有较高的利润率。因此，选择企业利润率的相关指标进行 PSM 检验，以更全面地了解制造企业实施服务化的结果。分别选择总资产利润率（ROA）、净资产利润率（ROE）及成本利润率和销售利润率作为 PSM 倾向得分匹配的结果变量。首先采用近邻匹配法中的一对一匹配，以净资产利润率为结果变量时，ATT 值为 −0.789，然而 T 值是 −1.59 并不显著。以总资产利润率为结果变量时，ATT 值为 −0.223，对应的 T 值为 −1.04。以成本利润率为结果变量，ATT 值为 −0.163，对应的 T 值为 −0.88。以销售利润率为结果变量，ATT 值为 −0.026，对应的 T 值为 −1.39（见表 5.6）。

表 5.6　总体样本的 ATT 效应

结果变量	匹配方法	处理组	控制组	ATT	标准差	T 值
总利润	近邻匹配	3.353	2.369	0.983	0.299	3.29***
（亿元）	核匹配	3.353	2.080	1.273	0.253	5.04***
营业利润	近邻匹配	2.816	1.969	0.847	0.290	2.92***
（亿元）	核匹配	2.816	1.739	1.077	0.244	4.42***

结果变量	匹配方法	处理组	控制组	ATT	标准差	T 值
净利润	近邻匹配	2.731	1.820	0.911	0.252	3.62 ***
（亿元）	核匹配	2.731	1.614	0.112	0.213	5.23 ***
ROE	近邻匹配	8.958	9.747	−0.789	0.497	−1.59
ROE	核匹配	8.958	9.761	−0.803	0.429	−1.87
ROA	近邻匹配	6.036	6.259	−0.223	0.215	−1.04
ROA	核匹配	6.036	6.246	−0.210	0.181	−1.16
成本利润率	近邻匹配	0.013	0.175	−0.163	0.185	−0.88
成本利润率	核匹配	0.125	0.179	−0.167	0.185	−0.90
销售利润率	近邻匹配	0.039	0.064	−0.026	0.186	−1.39
销售利润率	核匹配	0.039	0.069	−0.031	0.018	−1.75

*** 表示在1%水平下显著。

　　为了保证结果的稳健性，同样采用核匹配法进行检验。与近邻匹配结果相似，以不同利润率水平的变量作为结果变量，其 ATT 估计结果均为负数，且 T 值在统计水平上并不显著，与以企业利润水平为结果变量的结果相反。因此，可以得知制造企业实施服务化并没有带来企业利润率的增加。根据现有研究，一部分研究提出了服务化悖论问题，认为企业实施服务化反而导致了企业利润率的下降。实证所得到的结果虽然并没有直接得到服务化悖论的结果，但是也反映出制造企业服务化并没有提高企业的利润率。

　　综合分析来看，中国制造业上市公司实施服务化能够提高企业的总利润、营业利润及净利润，但是并没有提高企业的利润率。这一结果并不矛盾，对结果进一步分析，服务化企业利润水平较高，同时服务化企业的营业收入和总资产水平均会高于传统企业。这首先验证了服务化会给企业带来更高的收入和利润。然而，企业实施服务化战略同时也会带来企业经营成本的上升，面对较高的成本，即使企业得到了更高的利润回报，并不一定能够提高企业的利润率，相反可能会降低企业的利润率。因此 PSM 结果发现服务型制造企业的利润率并没有显著高于传统制造企业的利润率。根据现有研究中提出的"服务化悖论"，确实需要对服务化给企业带来的影响持审慎的态度。

　　在检验了服务化给企业带来的影响之后，需要进一步检验制造企业服务化的驱动机制，判断其是否与理论模型中分析的影响因素一致。

5.3　制造企业服务化驱动机制的实证检验

5.3.1　Logit 回归结果与分析

基于中国制造业上市公司数据，对制造企业服务化的驱动机制进行实证检验。由于被解释变量为企业是否实施了服务化，即 0 和 1 的虚拟变量，因此为二值选择模型回归。根据理论模型与理论机制部分的分析，解释变量中包括企业特征和行业属性的各影响因素。对 2010—2015 年制造业上市公司的面板数据使用 Logit 估计，回归结果的 LR 统计量为 285.87，且对应的 P 值为 0，整个方程所有系数的联合显著性较高。使用稳健标准误的具体回归结果见表 5.7。

表 5.7　Logit 回归结果

变量类别	变量	系数	标准差	Z 统计量	P 值
企业层面	成本收入比	-0.8620	0.2279	-3.78	0.00
	研发强度	-4.54×10^{-6}	0.00001	-0.33	0.74
	市场份额	2.1076	1.0256	2.05	0.04
	企业年龄	0.0154	0.0082	1.86	0.06
	企业规模	0.1743	0.0369	4.73	0.00
	资本劳动比	6.47×10^{-8}	3.27×10^{-8}	1.98	0.05
	是否国有	0.4062	0.0973	4.17	0.00
行业层面	服务化水平	4.5983	0.3575	12.86	0.00
	竞争程度	0.0002	0.0005	0.49	0.63
控制项	时间效应	控制			
	常数项	-6.0325	0.7887	-7.65	0.00

从表 5.7 结果来看，在企业层面的影响因素中，大部分影响因素对企业选择实施服务化的影响是显著的。企业成本收入比对企业选择服务化概率的影响在 1% 水平上显著为负，表明随着企业成本占比增加，企业选择服务化的概率

会降低，与预期结果是一致的。根据理论模型部分的分析，企业改进成本效率有利于提高服务化优势。然而，服务化的实施也会给企业带来成本增加的问题，因此如果企业本身的经营成本过高，则不利于企业实施服务化。所以，对于制造业上市公司而言，相对较低的成本会促进企业选择服务化，而成本较高的企业选择服务化的概率较低。

企业的研发强度对服务化选择的影响并不显著。根据理论机制部分的分析，技术创新活动越多的企业更有动力实施服务化。而实证结果与预期并不一致，分析其中原因可能是对于中国制造业上市公司来说，大部分企业的研发投资水平较高，均高于一般的制造企业。那么在这种情况下，制造业上市公司是否选择服务化就与研发投资水平关系不大。因此，对于中国制造业上市公司，研发投资水平对企业是否选择服务化并没有显著的影响。

企业的市场份额对企业选择服务化概率的影响在1%水平上显著为正。这意味着企业的销售收入在市场中所占份额越大，则企业更愿意选择服务化。这与理论模型部分的分析是一致的，当服务化制造企业的市场基础大于传统制造企业时，服务化带来的利润更高。在实证部分选择用企业的市场份额表征企业的市场基础，那么随着企业的市场份额逐渐增加，服务化战略会增加企业的利润，因此对于中国制造业上市公司来说，当企业具有较好的市场基础时更愿意选择服务化。

企业年龄对企业服务化选择概率的影响在1%水平上显著为正。这说明随着企业成立的时间变长，制造企业更愿意选择实施服务化。企业成立时间较长意味着企业在经营、管理等方面均积累了一定的经验，因而可以更好地应对潜在的风险，也具有丰富的人力、设备等资源可以实施服务化战略。因此，对于中国制造业上市公司，成立时间越长的企业选择服务化的概率越大。

企业规模对服务化选择概率的影响在1%水平上显著为正。这说明企业的规模越大，制造企业更愿意选择实施服务化。企业规模越大意味着制造企业越能够进行专业化分工，有各方面的资源和能力承担服务化业务。企业的资本劳动比对制造企业服务化选择概率的影响在5%水平上显著为正。说明企业的人均可用资本越高，即资本深化程度越高，中国制造业上市公司越愿意选择服务化。

企业是国有企业所有权，包括中央国有企业和地方国有企业时，对服务化选择概率具有显著的正影响。表明相对于其他所有权性质的上市公司，国有企业属性会增加上市公司选择服务化的概率。进一步分析，国有企业相比其他企业通常具有较高的市场份额，且企业规模较大、成立时间较长，更有能力开展服务相关的内容，改变企业的经营战略。

从行业层面来看，实证中选择行业的服务化水平（即行业中服务化企业数量占比）反映产品对服务的依赖程度，结果表明行业服务化水平在1%水平上显著为正。表明行业中服务化企业数量越多，越会促进企业选择服务化。即企业的服务化选择同时受到所在行业的情况影响。一方面，当行业中越来越多的企业选择服务化，那么企业为了提高自身竞争力会倾向于也选择实施服务化；另一方面，行业中越来越多的企业选择服务化可能是因为该行业主要制造产品属性对服务的依赖程度较高，企业不得不实施服务化转型，以适应市场需求的变化。

对于另一个重要的行业因素，即传统制造与服务化制造之间的可替代性，实证过程中选择行业竞争程度进行衡量。结果表明行业的竞争程度对于企业服务化选择影响并不显著。根据理论模型和理论机制部分的分析，服务化制造与传统制造企业之间的可替代性越强，即行业的竞争程度越激烈，越会促进企业实施服务化以增强企业的市场竞争水平。然而实证结果与预期并不一致。可能原因是，企业实施服务化转型具有较大的经营风险，为了提高企业的竞争力企业有多种方案可以选择，不一定选择服务化。因此，企业所在行业中的企业数量并不能影响企业的服务化选择，而行业中的服务化企业数量占比则对企业服务化选择具有显著正影响。

然而，表5.7中各变量的系数并非各变量的边际效应，而是概率比。为了得到各变量的边际效应，即与普通 OLS 估计的回归系数相比较，可以在 STATA 中采用 margins 命令进行计算，具体结果见表5.8。表5.8与表5.7中结果各变量系数正负号和显著性均是一致的，只有变量系数大小有所不同，而表5.8中的系数大小具有实际含义。由于其经济含义与表5.7中一致，因此不再进行一一介绍。最后，判断回归的拟合优度，基于 estat clas 命令计算 Logit 模型准确预测的比例为64.31%。

表 5.8　边际效应

变量类别	变量	系数	标准差	Z 统计量	P 值
企业层面	成本收入比	-0.1900	0.0499	-3.81	0.00
	研发强度	-1.00×10^{-6}	3.02×10^{-6}	-0.33	0.74
	市场份额	0.4645	0.2250	2.06	0.04
	企业年龄	0.0034	0.0018	1.87	0.06
	企业规模	0.0384	0.0080	4.78	0.00
	资本劳动比	1.43×10^{-8}	7.18×10^{-9}	1.99	0.05
	是否国有	0.0895	0.0212	4.22	0.00
行业层面	服务化水平	1.0134	0.0714	14.20	0.00
	竞争程度	0.0005	0.0001	0.49	0.63
控制项	时间效应	控制			

综上，根据 Logit 回归结果，中国制造业上市公司服务化的驱动因素包括企业特征中的成本收入比、企业市场份额、企业年龄、企业规模、资本劳动比和国有企业属性，和行业属性中的服务化水平，其中除了成本收入比对企业实施服务化具有负向影响，其他因素均与企业服务化的概率呈显著正相关关系。

5.3.2　按行业类型分组的稳健性检验

基于中国制造业上市公司的总体样本数据，经过 Logit 回归进行了制造企业服务化的驱动机制检验。根据理论机制部分的分析，行业基本属性中的行业要素密集度也会对企业服务化选择产生一定的影响，那么对于中国制造业上市公司样本，企业的服务化驱动机制是否受到行业要素密集度的影响，是否具有行业异质性，需要进一步进行检验。因此，对总体样本按照要素密集度进行分组，并且对各组的检验结果进行分析和对比。

根据实证研究设计，将企业分为劳动密集型、资本密集型与技术密集型，那么各子样本的 Logit 回归结果见表 5.9。首先，各方程均通过 LR 检验，且模型准确预测的比例均超过 60%。与总体样本的结果对比来看，大部分变量的回归结果是一致的，企业规模和行业服务化水平在各类型行业中的估计系数与总体样本一致，均显著为正；另外，行业的竞争水平在不同类型行业中仍然不显著。而其他变量在不同类型行业中估计结果与总体样本略有差别。

表 5.9　按行业类型分组的 Logit 回归结果

变量类别	变量	劳动密集型	资本密集型	技术密集型
企业层面	成本收入比	−0.3659 (0.61)	−1.8193 ** (−2.26)	−1.0571 *** (−3.79)
	研发强度	−0.0002 *** (−5.61)	0.0388 (0.83)	3.21×10^{-7} (0.02)
	市场份额	4.3987 * (1.65)	2.6414 * (1.82)	0.6615 (0.35)
	企业年龄	0.0079 (0.29)	0.0058 (0.28)	0.0176 * (1.81)
	企业规模	0.3005 ** (2.36)	0.2154 ** (2.42)	0.1673 *** (3.79)
	资本劳动比	-4.17×10^{-8} (−0.43)	7.46×10^{-9} (0.12)	1.08×10^{-7} ** (2.39)
	是否国有	−0.2541 (−0.87)	0.7502 *** (3.12)	0.5018 *** (4.23)
行业层面	服务化水平	2.6232 * (1.94)	2.9145 *** (4.22)	5.4151 *** (11.49)
	竞争程度	0.0089 (0.60)	−0.0007 (−0.17)	−0.0003 (−0.46)
控制项	时间效应	控制	控制	控制
	常数项	−8.5872 *** (−2.86)	−5.2743 *** (−2.90)	−6.2605 *** (−6.50)

*** 、** 、* 分别代表在 1%、5% 和 10% 的水平上显著。

其中，劳动密集型企业的成本收入比对于企业服务化影响并不显著，而资本密集型与技术密集型的企业成本收入比变量与总体样本结果一致，均显著为负。表明对于劳动密集型企业来说，企业成本高低并不会影响企业的服务化选择。

资本密集型与技术密集型企业的研发强度变量与总体结果一致，研发强度的影响仍然不显著，而劳动密集型企业中研发投入越多反而越会降低企业的服务化概率。说明劳动密集型企业由于其特殊性，通常人力资本投入较多，因而对资本、设备、技术创新的需求较低，成本和研发投入水平均较低，所以对于企业服务化选择与总体样本并不相同。企业年龄与企业的资本劳动比变量，只有技术密集型企业的回归结果与总体样本一致，均显著为正，而劳动密集型和资本密集型企业的回归结果均不显著。是否国有企业的所有权虚拟变量只有资本密集型和技术密集型企业的回归结果与总体样本一致，是显著为正的，在劳动密集型企业中并不显著。

综上，经过行业分组得到的实证结果与总体样本结果较为一致，尤其是行业层面的服务化水平在不同样本分组中均显著为正，而市场竞争程度变量仍然不显著，这也验证了实证结论的稳健性。然而，在企业层面的各变量显著性结果略有不同，也反映出制造企业服务化的驱动机制受到行业属性的影响，存在一定的行业异质性。其中，技术密集型企业的回归结果与总体样本结果最为相似，而劳动密集型企业与总体样本结果差别最大。

5.4 本章小结

本章基于中国制造业上市公司数据，首先采用倾向得分匹配方法检验了服务化制造企业的企业经营绩效情况，在控制了两组样本的基本特征之后，估计结果表明服务化企业的利润水平更高，但是利润率水平并没有显著高于传统制造企业。然后基于 Logit 模型检验了制造企业服务化的驱动机理，结果表明企业层面的成本收入比、企业市场份额、企业年龄、企业规模、资本劳动比和国有企业属性，和行业层面的服务化水平均是影响制造企业服务化选择的重要因素。根据实证检验结果，假设 1 和假设 2 均得到了验证，即制造企业服务化能提高企业利润，而制造企业服务化的选择受到企业因素和行业特征的协同驱动作用。

6 制造企业服务化实现路径及案例研究

6.1 制造企业服务化拓展路径分析

6.1.1 基于产业链的服务化路径

产业链一般指的是从原材料一直到终端产品制造的各生产部门的完整链条。为了找出分布于产业链上下游的服务化路径，我们要尽可能地向产业链的上下两端拓展，延伸各环节内容。产业链上游一般可以延伸到基础产业环节和技术研制开发环节，下游则延伸到市场开拓环节。因此，产业链上游是研发与设计，产品附加值较高；产业链下游是品牌推广、渠道管理、售后服务及维修维护等。本小节探讨的是在产业链的上游、下游和上下游的不同环节的服务化路径，并进一步分析出这三种服务化路径分别适合在哪些类型的企业中实现，以此为不同类型的企业提供参考。

（1）产业链上游服务化

产业链上游服务化，是通过对产品的设计、研发、规划等环节的介入来实现服务化。在上游进行服务化转型，可以在传统服务模式的基础上，开发出更为高级的服务模式，包括高级培训、咨询、认证、检测、试验、工程总承包及设备自动化改造等服务模式，使企业从单一供应产品转变为全方位提供动力设备系统问题解决方案和系统服务。实行上游产业链服务化有助于突破产品技术局限，开拓新领域，并可能获得超额利润。下面我们从提高企业核心竞争力、促进产品整合和构建服务化网络三个方面对上游服务化模式进行分析。

核心竞争力通常是指企业或个人相较于竞争对手而言所具备的竞争优势与核心能力差异，是企业竞争的优势之源，也是企业壮大发展的基石。核心竞争力具有不易模仿性、价值优越性、能力整体性、延展性和资源集中性五个特征，是由组织内部的活动慢慢积累而成的，会随着企业的发展和市场的变化而有所调整。在制造企业服务化的过程中，核心竞争力是一种或者各种能力的结合体，可以通过设计产品服务系统并挖掘客户需求，来满足客户需要，以提高产品的核心竞争力；也可以分析自身的能力，通过内联、外引、合作生产、开发新产品来满足市场需求；还可以通过信息化建设和技术改造，逐步完善研发管理（如设备与生产线的自动化改造）。

产品整合指的是制造企业想提高产品的附加值，而必须为客户提供的一系列服务组合。市场经济的发展使得产品的同质化日益加重，产品中包含的技术水平层次相差无几，因而产品的附加价值逐渐变低，利润微薄。如果希望获得更高的利润，制造企业需要对自身的需求识别有清醒的认识，对上游产品组合有充分的了解，使提供的产品能够最大限度地发挥效用和功能。所以，在服务化转型后、产品投入市场前，企业要与客户密切联系、沟通交流，充分了解客户需求，以保证企业可以顺利实施整体解决方案。

没有一个企业可以独立完成产业链上涉及产品和服务的所有环节，因此服务化网络指的是由众多企业集聚形成的服务制造网络。在这个服务制造网络当中，制造企业运用自身的核心竞争力聚焦于核心能力业务的发展，把非核心业务外包给社会上专业能力强的企业，实现优势互补、分工协作，这有助于企业迅速响应顾客需求，满足客户需要。企业建立的服务化网络是一个动态稳定网络，制造业企业、客户、服务性生产企业和生产性服务企业通过相关价值的感知，优化配置资源，积极参加服务化网络的协作活动。服务化网络的作用是促进企业把非核心业务外包，将原有的产品制造模式转变为向客户提供方案模式。

（2）产业链下游服务化

产业链下游服务化，是通过转变企业发展战略、构建企业创业化平台、转变员工的劳务关系并将其变成创业者和企业合伙人，以及满足用户的个性化需求来进行服务化。在下游进行服务化转型，可以进行的服务模式包括品牌管理和客户服务等。其中，品牌管理可以进一步引申为名牌战略。在客户服务中可以充分考虑到客户的差异化和个性化需求，从而实现定制化制造。进行产业链下游服务化的好处是，由于产业链下游一般利润较大，因此制造企业可以通过强化品牌管理、营销策略和售后服务，在产业链上处于较有利的地位。

下游服务化的施行方式首先是品牌管理。品牌是一种名称、术语、标记、符号或设计，或是它们的组合运用，是一种错综复杂的象征。良好的品牌信誉有利于简化消费者的选择过程，也有助于企业制定统一的营销策略，缓解企业风险，提高企业的融资并购能力，保证产品的独特性。简而言之，产品更新快又易被模仿，而品牌却独一无二，所以品牌的好坏直接影响了企业的长期发展。

下游服务化的施行方式其次是营销策略。营销贯穿于企业发展的各个环节，有利于企业合理地规划产品设计、终端销售及服务。营销策略是企业以顾客需求为出发点，依据顾客的需求量及购买力等信息，组织各项经营活动，通过建立合理的分销渠道，制定适当的价格及利用有效的促销手段吸引消费者，最终达到项目自身价值和升值价值的双面价值体现。制造企业在转型发展中要根据市场和自身情况适时改变营销策略，从品牌策略到多元化策略、国际化策略再到全球化策略……合适的营销策略有利于吸引消费者的注意力，抓住消费者的需求，占领更多的市场，推进企业的发展，获取更高的利润。

最后是售后服务。售后服务是企业出售商品以后为客户提供的各种活动，它直接影响企业的市场份额及客户的满意度，是企业营销的重要环节。售后服务包含多项内容，包括为消费者安装、调试产品，进行有关的技术指导，负责维修并定期维护和保养，定期的电话回访或上门回访，"三包"等。完善的售后服务可以消除消费者的购买顾虑，加强消费者的购买决心。明显地，在产品同等质量的情况下，消费者更愿意选择有优质售后服务的公司。

（3）产业链上下游服务化

产业链上下游服务化，是从四个角度服务化转型，分别是明确战略定位、加强渠道建设、改革绩效评估系统和转变企业文化。现今社会越来越多的制造企业向产业链两端扩张，从研发、生产、销售到售后服务、信息反馈，从原材料、半成品到成品，各环节之间的互相依赖程度不断加深。因此在上下游进行服务化转型，可以在上游增加生产性投入，在下游增加业务产出服务，例如为客户提供信息化技术研究、战略咨询、硬件生产、产品设计、系统的安装和后期保养维修等。实行上下游产业链服务化，可以充分满足客户的需求，从而赢得竞争优势。下面我们分别从处于产业链上下游的战略定位、绩效评估、渠道建设、企业文化入手，说明企业如何进行上下游服务化转型。

进行上下游服务化转型，首先进行的是产业链上游战略定位。战略定位是企业战略的核心内容，是企业同环境互动中持续竞争优势的再造。企业战略定位是基于内外部环境变化，进行基本战略和资源能力各方面的选择、调整、发展、演化的系统过程。战略定位要解决企业经营中最根本的方向正确、运作高效、主体投入三者有机结合的问题。企业战略定位的关键功能在于指导企业如何行动，将顾客作为定位的出发点和落脚点，发现顾客、服务顾客、满足顾客，在此过程中形成和发展自己的核心能力，以创造持续性竞争优势。简言之，战略定位将使得企业的产品、形象、品牌等在预期消费者的头脑中占据有利的位置。制造企业在服务化转型的过程中，首先应该做出清晰的取舍，集中精力于自己的优势，使竞争对手很难模仿自己的战略。

进行上下游服务化转型，产业链上游也应该关注绩效评估。绩效评估是指评定者运用科学的方法、标准和程序，对行为主体与评定任务有关的绩效信息（如业绩、成就和实际作为等）进行观察、收集、组织、储存、提取、整合，并尽可能做出准确评价的过程，是企业绩效管理中的一个环节。企业在制定评估标准时需要全面考虑企业的发展现状，制定出合理可行的评估体系。绩效评估可以检测企业发展的状况，有助于正确引导企业经营行为。

进行上下游服务化转型，在产业链下游更应该注重的是渠道建设。渠道建设是对产品从生产者手中进入消费者手中所必须完成的工作加以组织，目的在使消费者的需要得到满足的同时也使企业的经营目标得到实现。营销渠道按产品从厂家到消费者手中是否经过中间环节可以分为直接渠道和间接渠道。直接渠道服务化的发展表现在渠道建设的过程中企业本身注重服务环节，例如建立良好的客户关系、设置专人负责和供应商联系、统一的价格优惠、良好的技术支持、更多的销售机会和及时的服务等；而间接渠道服务化的发展表现在企业将渠道建设外包给专门的第三方服务性机构，只需要按照效果付费，既可以减少压力，又可以降低风险。

进行上下游服务化转型，产业链下游的企业文化也是不容忽视的环节。企业文化是一个组织由其价值观、信念、仪式、符号、处事方式等组成的其特有的文化形象，是在一定的条件下，企业生产经营和管理活动中所创造的具有该企业特色的精神财富和物质形态。企业文化包括文化观念、价值观念、企业精神、道德规范、行为准则、历史传统、企业制度、文化环境、企业产品等。随着企业的服务化转型，企业文化也需要由以产品为导向转变为以客户为导向，以市场为驱动力。企业可以通过整合资源，为客户提供信息服务及其他全方位的服务。

　　本小节以分析和列举的方式向读者介绍了在产业链上游、下游和上下游进行服务化的多种施行方式，使读者对分布于产业链各个环节的服务模式有了初步认识。通过对上文的总结，我们可以得出以下结论（见表6.1）：上游服务化路径难度较大，适合于研发实力较强、资金较为充足，但是缺乏市场经验的企业。这些企业可以通过向产业链上游环节延伸实现巨额回报（如提供技术研发服务或授权有偿使用等）。下游服务化对企业组织变革和经营管理能力要求较低，不需要企业寻求更多的支持性资源，适合缺乏服务化经验，且希望在服务化经营管理中逐渐实现服务化的企业。这些企业研发能力较低，可以通过开发与销售、产品使用环节相关的服务向服务型企业转变（如提供租赁服务、出售产品功能、提供一体化解决方案等）。而上下游产业链服务化综合了前面两种路径，对于企业发展战略、企业的组织结构、运营模式等的变革都相对较大，因此对制造企业的要求最高，服务化转型难度最大。尽管如此，上下游产业链服务化却是较为彻底的服务化路径，这种服务化处于产业升级的高级阶段。

表6.1　制造业服务化路径特征

可能的路径	主要特征	对企业的要求	适合对象	所属服务化阶段
下游产业链服务化	增加产业链下游环节的介入力度 基于产品服务系统的产品导向	最低	还没有服务化经验，希望逐渐实现服务化企业	初级
上游产业链服务化	增加产业链上游环节的介入力度 能够为第三方提供研发设计服务能力且为实现更高级的服务化提供技术支持	较低	还没有服务化经验，希望积累技术力量逐渐实现服务化的企业	初级
上下游产业链服务化	同时增加产业上下游环节的介入力度 投入服务化和产出服务化齐头并进	高	竞争力较大的大型制造业企业	高级

6.1.2　基于商业模式的服务化路径

商业模式描述了企业的商业逻辑，刻画了包括具体产品和服务在内的企业能为客户提供的价值，企业实现客户价值而产生盈利的方式，以及为了实现这一目的而建立的内部结构、合作伙伴网络和关系资本等要素的有机组合。随着经济环境和技术环境的转变，制造业商业模式从传统手工作坊式生产，发展出大批量生产方式，又为了满足客户个性化和多样化的需求，开始转变为大规模定制模式。从商业模式的角度来看，制造企业提供服务产品可以分为核心产品服务、系统解决方案、个性化定制、客户共同参与创造及新兴产业等，本小节我们就这五类展开说明。此外，商业模式的不断推陈出新，也使得物流、金融、设计、咨询等生产性服务业逐步介入制造业企业（见图6.1）。

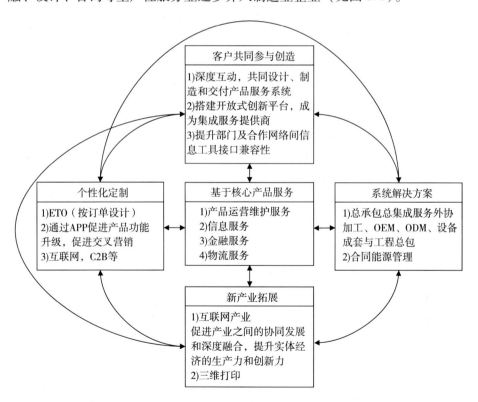

图6.1　五类商业模式服务产品

(1) 核心产品服务

传统的商业模式中，处在核心地位的是产品，服务仅是产品附属，依托产品存在。随着社会经济发展，部分企业开始延伸服务内涵，将商业模式从原本的以产品制造为核心，逐步向提供核心产品伴生服务演变。这些伴生服务可以分成运营维护服务、信息服务、金融服务、物流服务等。这些服务使企业的价值主张更贴近客户的需求，扩大了市场空间，增强了利益范围，巩固了竞争优势。

随着技术复杂性的日益提高，为了帮助客户解决维护过程中的诸多问题，提供产品运营维护服务已经成为很多厂商创造客户价值的重要选择。提供运维服务为企业带来的好处是：保证了企业业务的可靠性，转移了产品的维修、保养和管理的技术与财务风险；保证了财务管理的顺畅度，通过管理可预见的维修成本改进财务规划，降低运营成本，提高企业资产价值；保证了企业资源利用的有效性，专注于核心服务。

信息服务主要用于解决交易主体之间因为信息不对称和信息不完整导致的低效率、高交易成本等问题，通过提供准确全面的信息为客户创造价值。当今社会信息技术创新日益活跃，尤其是以互联网为代表的新经济形态的崛起，使网络与传统制造业的关联愈加密切。制造业利用互联网建立制造企业和客户的直接联系，主动识别客户需求，并与客户协同创造价值，形成一个新的产业生态体系，进而实现由制造向服务转型。

为客户提供相关的金融服务，可以帮助客户降低资金的门槛，既能够扩大企业的产品销售，又能够为企业创造新的利益来源。金融产品服务主要分为面向消费者和面向销售商两个方面。面向消费者提供的服务产品主要是消费信贷，提供产品销售的金融担保，客户可以分期付款、融资租赁和信托租赁等，能够解决顾客在产品购买、使用和维护过程中与资金相关的需求。而面向销售商的服务产品主要有融资提供、批量租赁。此外，还包括保险业务和抵押业务等客户金融咨询计划。

物流服务是传统制造商实施服务拓展的重要手段。在产品的仓储、配送和回收过程中，厂商和客户都会产生很大的物流需求。将物流作为服务提供给客户，能够帮助客户降低成本的同时实现价值，为企业创造利润。企业可以将供应链管理作为发展战略的重要方向，选择管理目标与自己相匹配的客户，开展物流与售后配送服务。随着业务链的展开，物流服务将涵盖运输管理、配送中心管理、库存优化、信息管理、物流预测、网络咨询及生产物流服务等整合物流方案。

（2）系统解决方案

在制造业服务化的推进过程中，能否为客户提供集成化、一体化、系统化的产品整合解决方案，以及能否为客户提供基于产品持续运行的功能维护，日益成为产业竞争的制高点。在这一背景下，合同能源管理和总承包总集成服务的系统解决方案成为装备制造业等相关产业发展的重要方向。合同能源管理意在提供节能服务，并根据效果付费。

总承包总集成以最大化客户价值为目标，从客户需求出发，依靠企业自身技术优势，经过内部的组织变革和流程优化、产品技术升级及组织与商业模式创新等途径，实现需求管理、能力管理、企业网络及风险管理的全面运用和配合，进而在服务型制造的道路上实现企业商业模式的升级。这一服务模式还可以拓展为如下四种方式：一是外协加工，即制造企业利用自身的设备或技术优势，帮助其他企业完成整体制造加工任务中的某道工序，如热处理、铸造、锻造等；二是OEM，即制造企业帮助其他企业完成整个产品的制造外包；三是ODM，即制造企业完成整个产品的设计加制造外包；四是设备成套与工程总包，即制造企业向客户交付整套生产线，或者承包其工程建设项目从设计、采购，到施工、试运行等所有环节，再将项目所有权和管理权完整交付。

（3）个性化定制

顾名思义，个性化定制是根据客户的需求定制产品。在新的市场竞争环境下，大众化消费正转变为个性化消费，因此制造企业都开始寻求基于产品的个性化需求的改变，实现产品效用最大化，以获取差异化的竞争优势，取得市场的主导地位。目前很多装备制造企业采用的按订单设计（ETO）模式就属于个性化定制。还有些企业通过App为用户提供个性化服务，促进其购买智能硬件产品本身附加的内容服务，促进产品功能的升级或新产品的销售。当然，也可以遵循互联网和模块化设计思想，实现产品的个性化定制（C2B）。

个性化定制是企业对原有商业模式做出的改进，首先通过建立与客户的联系，迅速准确地了解客户需求；然后根据客户的需求调整企业的生产制造方式；最后使企业能生产制造出满足顾客个性化需求的产品。实施个性化定制模式对企业和客户都有益处。对企业而言，能提高生产的有效水平，避免了不同尺寸款型产品库存和缺货并存的尴尬局面；对客户而言，实现个性化设计和加工的同时，保证了产品质量的稳定和规模经济，提升了客户满意度。

（4）客户共同参与创造

传统的制造企业转型为现代服务企业，实现了从基于产品的服务转变为基于需求的服务。而基于需求的服务企业要深刻洞察客户的需求，一种更为直接的方式就是客户直接参与创造。这些服务型制造企业充分利用自身高端的研发能力、高效的供应链管理及运营能力，与客户深度互动，共同设计、制造和交付产品服务。企业还可以利用自己在产品制造上的优势，逐步向其他相关服务行业延伸，例如通过搭建开放式创新平台，为消费者提供满足网络时代需求的产品服务系统，最终发展成为集成服务提供商。

（5）新兴产业

一些新兴的产业领域，通过其所具备的技术或制度优势，逐步介入制造业，和制造商实现交叉融合，对传统制造业的商业模式进行转换和升级。其中，最具代表就是互联网产业对传统制造业及服务的改造。传统上属于企业、消费者及其他各方的私有信息被网络以更快的速度和广度公开化，令利益相关方的信息不对等得到极大缓解甚至消除。同时，互联网产业具有共享、共创、协同和创新等产业精神，以及与之相对应的技术、产品和服务支持体系，将其与制造业、服务业相结合，有助于促进产业之间的协同发展和深度融合，建立以互联网为基础的新的服务型制造商业模式，借以提升实体经济的生产力与创新力。除互联网之外，近年来新兴产业的服务模式还有 3D 打印等。

6.1.3 基于价值链的服务化路径

迈克尔·波特把企业内外价值增加的活动分为基本活动和辅助活动，基本活动涉及企业生产、营销、原料储运、成品储运、售后服务，辅助活动涉及人事、财务、计划、研究与开发、组织制度等，基本活动和辅助活动构成了企业的价值链。要使企业有特色，就要有一个不同的、为客户精心设计的价值链。另外，在价值链上的各项活动必须是相互匹配并彼此促进的。这样，企业的优势就不是某一项活动，而是整个价值链一起作用，从而使竞争对手难以模仿。

制造企业服务化过程中，顾客、生产性服务商及服务性生产商等价值模块，相互之间基于标准化的页面结构和业务流程协作，所形成的具有资源整合、价值增值和创新功能的生产协作聚合体叫做服务型制造网络。制造企业在把产品销往全球各地的过程中，可以逐步建立全球化的产品营销体系、供应链体系和售后服务体系。本小节我们从供应链、销售和售后这三个价值链的业务领域，分析企业向服务型制造模式转型的路径（见图6.2）。

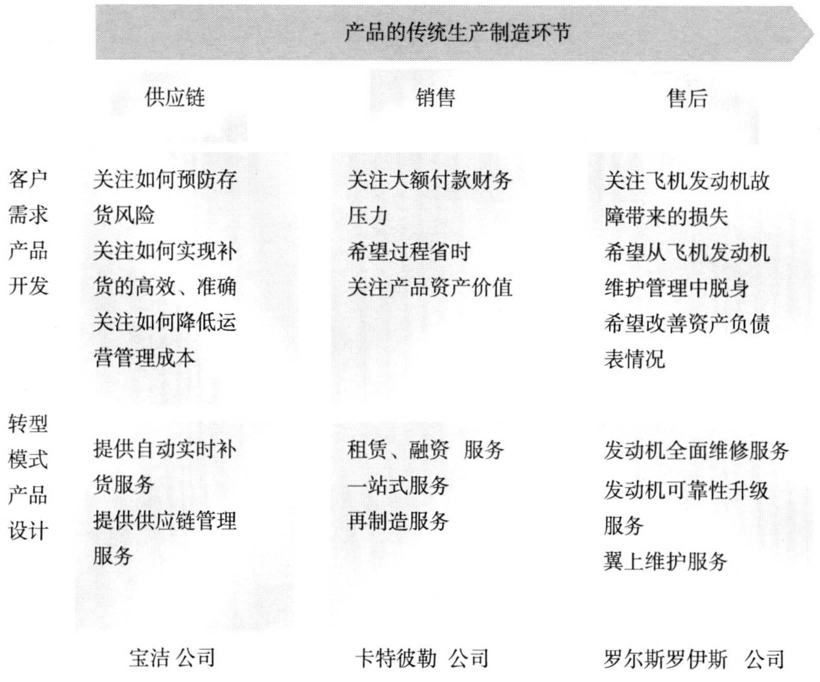

产品的传统生产制造环节		
供应链	销售	售后
客户需求产品开发 关注如何预防存货风险 关注如何实现补货的高效、准确 关注如何降低运营管理成本	关注大额付款财务压力 希望过程省时 关注产品资产价值	关注飞机发动机故障带来的损失 希望从飞机发动机维护管理中脱身 希望改善资产负债表情况
转型模式产品设计 提供自动实时补货服务 提供供应链管理服务	租赁、融资 服务 一站式服务 再制造服务	发动机全面维修服务 发动机可靠性升级服务 翼上维护服务
宝洁 公司	卡特彼勒 公司	罗尔斯罗伊斯 公司

图6.2 三家企业服务型制造转型产品设计

（1）基于供应链的服务型制造

供应链以企业为核心，以信息流、物流和资金流为媒介，把供应商、制造商、仓库、配送中心和渠道商等有效地组织在一起，形成一个整体的链状结构。从原材料开始到制成中间产品及最终产品，最后通过销售网络把产品提供给客户。高效的供应链管理体系能够提供给在该链状结构上的制造企业基于供应链的优势，企业可以将该供应链体系向产业上下游进行拓展，推进上下游企业建立合作，信息共享，增加合作方的经济效益。供应链服务模式能够促进制造企业与上下游合作伙伴的战略联盟的建立，但更重要的是，它能够通过优化交易流程来降低交易成本，进而实现双方利益共赢。

协同供应链服务模式的典型案例是宝洁公司推出的基于双方信息共享的"CRP 实时补货系统"。它可以通过监控渠道商的库存，准确掌控渠道商的补货频率、补货数量和发货时间，而不是等客户下单。"CRP 实时补货系统"是宝洁公司供应链的服务化模式策略创新，是公司将关注重点从传统的争夺销售渠道控制权，转移至对供应链进行以信息共享为基础的流程再造，实现了供应链对生产商与销售商的服务价值增值。通过信息化的供应链管理体系，降低了双方库存管理成本，提高了存货周转率，从而改善了经营状况。

（2）基于销售的服务型制造

传统制造业企业常常过于重视单独的产品销售环节，而没有将精力投入到在生产阶段能为客户提供的各项服务业务上，导致企业的市场开拓策略往往集中于销售渠道的争夺或者营销方式的创新。现今，处于市场领先地位的西方发达国家的制造业企业则充分利用客户个性化服务、融资解决方案服务和客户体验等方面存在的巨大需求空间来提升产品品质，并且提供符合客户需求的个性化产品，打造服务差异化的市场竞争策略。在这个领域中，从事汽车销售行业的卡特彼勒公司的服务模式堪称经典。

该公司首先为解决客户购买资金问题，开展了基于产品销售的金融服务模式，通过融资解决方案服务，既减轻了客户一次性大额投入的财务压力，又实现了公司与代理商业务契合与利益共享。随后通过与代理商合作，向客户推出了"一站式服务"的销售支持方案，承诺客户可以在任何一家卡特彼勒代理商的销售网点选购机器设备、办理融资、维护设备及提供原厂零备件支持等一系列的所有专业服务。再后来，卡特彼勒金融服务公司继续挖掘客户的需求，将业务拓展到卡特彼勒再制造服务及设备管理解决方案服务，形成覆盖全生命周期的服务生态系统。这种利益共享相辅相成的商业模式，保证了卡特彼勒公司经营业务的可持续增长。

（3）基于售后的服务型制造

通常来讲，售后服务是对已销售的设备进行维护和维修。传统的售后服务一直以来都被视为产品营销的辅助手段，售后部门也被认为是支持部门，用以维护客户，提升客户对产品和企业的信赖度。售后服务的内容被广泛认为只有对产品进行安装、调试及维修等。为了进行基于售后的服务型制造转型，国外先进的制造企业率先通过发掘客户需求，提升售后服务部门的业务能力，为客户提供解决方案式售后服务，使售后服务由传统的技术支持，转变成了新的利润增长点。服务内容也进一步延伸，由传统的产品安装、调试、维修及备品备件服务，拓展到设备检测诊断、长期维护保养、实时远程监控和检修、设备更新及升级改造、顾问咨询服务和客户培训等。

著名航空发动机公司罗尔斯罗伊斯公司可以作为基于售后的服务型制造典型案例。该公司着手建立了一套全新的服务支持体系，通过不断延展服务价值链，针对航空公司发动机维护成本过高和专业能力受限的需求，为客户设计了全面维护服务。全面维护服务的内容包括提供一整套的售后方案，不但包含传统的维修服务，还整合了新型的增值服务，形成一种模块化的服务包组合方案。这样，罗尔斯罗伊斯就完成了为客户持续提供高性能产品，帮助客户转移巨额维护费用风险的售后服务目的。

6.1.4 基于国家级示范企业的服务化路径

为了贯彻落实《中国制造2025》（国发〔2015〕28号）和《发展服务型制造专项行动指南》（工信部联产业〔2016〕231号）的部署，推动制造业由生产型制造向服务型制造的转变，自2017年起，工信部连续两年开展服务型制造示范遴选工作。经各组织单位推荐、专家评审、现场考查、网上公示等环节，确定第一批30家企业、第二批33家企业为服务型制造示范企业。围绕提升核心制造能力，开展模式创新并形成竞争力的中心思想，在战略规划、管理运营、模式创新、服务绩效、生产服务人才培养、信息网络平台建设等方面进行评比，示范企业评比聚焦在供应链管理、产品全生命周期管理、总集成总承包的系统解决方案和信息增值服务四个方向的服务型制造。本小节我们将一一解读这四种服务模式的核心思想、适用行业、发展状况和可以解决的企业问题等内容。

(1) 供应链管理

21 世纪以来,世界主要制造企业纷纷利用互联网改造优化供应链管理体系。供应链管理(SCM)指的是,围绕核心企业,把供应商、制造商、仓库、配送中心和渠道商等有效地组织在一起,从原材料开始到制成中间产品及最终产品,最后通过销售网络把产品提供给客户。所有产品的产出过程都离不开供应链系统,因此供应链管理在任何制造行业都适用。尤其是消费品行业,供应链管理非常重要。

供应链管理在存货管理、货物流、成本、信息流、风险、计划及组织等多方面先进于传统的物流管理。在供应链协同模式下,结构不同的上下游企业能够以更便捷的方式共享预期需求、订单、生产计划等信息,减少生产的不确定性。供应链管理的优势主要可以归结为三个方面。从成本方面看,供应链管理能够通过控制产品到达客户时的最终成本来缓解企业成本压力。从库存管理来看,供应链管理能够通过信息与制造技术结合的方法消除库存不平衡。从消费需要来看,供应链管理能够适应消费者需求多样化和服务化的改变,在全生命周期内为不同客户提供不同的产品与服务。现今世界各国供应链管理发展趋势是进一步追求零库存和大规模定制,形成产业互联网与预定、众筹等新商业模式的结合,新的交付运输技术等。

(2) 产品全生命周期管理

所谓产品全生命周期管理(product life - cycle management,PLM),就是指从人们对从产品的需求开始,到产品淘汰报废的全部生命历程的管理(见图 6.3)。全生命周期管理包含了产品从需求、规划、设计、生产、经销、运行、使用、维修保养直到回收处置所需要的全部技术文档和信息。虽然在制造企业都可以被使用,但它更适合具有大量零部件的装备制造业,或者生产过程之间存在大量相互依赖关系的制造业。通常情况下,全生命周期管理还集成了企业资源规划、客户关系管理和供应链管理等多种管理系统,可以与物联网技术和大修维护管理结合起来,通过关键指标侦测,实现预防性维修维护,并且带动备品备件销售。

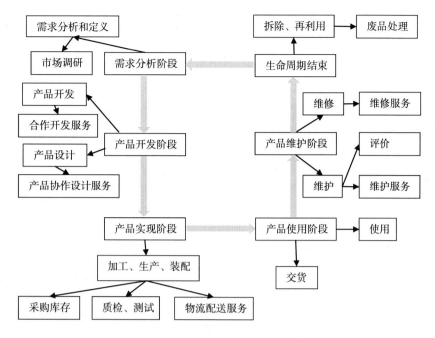

图6.3 全生命周期服务流程图

目前在全球大型制造企业中，70%的企业应用了产品生命周期管理系统。产品全生命周期管理需要重视生命周期各个环节上的单元技术，也需要重点关注某个独立阶段的解决方案，更需要企业在全生命周期中内部与外部的协同。因此，产品全生命周期管理需要备件及相关部门的支持。在产品全生命周期中，技术部门的支持是保证运营的前提条件。另外，企业还需要建设信息化服务平台并提高员工服务技能。

（3）总集成总承包的系统解决方案

随着物质生活的不断丰富和发展，消费者更加注重产品的个性化和便捷化；技术的不断成熟使得产品的同质化现象突出，竞争愈发激烈；资源约束及要素成本上升，单靠产品生产的盈利空间越来越小；产品技术、信息技术和服务方式的快速进步，实现了制造点之间的无缝连接、资源的快速配置及服务的准时提供。以上这些因素都促使企业提供总集成总承包的系统解决方案。系统解决方案通过将产品和服务进行有效融合，为客户提供面向产品全生命周期的问题解决方案，是实现企业和客户价值最大化的产品服务方案。

企业要提供系统解决方案服务，需要将产品、服务和服务平台进行紧密衔接，与客户建立良好的交流机制，为客户提供简便的参与渠道。推进方式主要包含四项内容：一是实体产品的制造，满足客户需求并确保产品能够适应特定环境的关键部件技术开发，是决定制造企业能否为客户提供优质解决方案的关键因素；二是系统解决方案，根据客户个性化定制要求，通过服务业务实现产品和服务的有效集成，实现产品功能高效、高价值的运作；三是由于制造企业普遍离散分布，构建网络平台可以实现制造企业与生产性服务商和服务性生产商之间的有效协作；四是通过与制造企业进行需求交互来指导企业的服务方向，提升客户体验，实现方案的高效运作。

综上所述，我国的制造企业为客户提供系统解决方案，第一要积极开展面向客户需求的服务创新活动，形成满足客户需求的一揽子产品服务；第二要构建具有较高标准化程度的服务系统平台，使得各参与者之间能够高效、高质地实现统一性目标；第三要连通各家企业之间的合作渠道，实现生产与服务效率的提升；第四要企业汇集内部资源，实施组织业务流程重组，逐步向围绕产品全生命周期的服务提供商转变；第五要推进高端领域的国际合作，推动关键技术创新；第六要加大人才培养力度，培育具有服务理念的人才。

（4）信息增值服务

如今，客户对实体产品已不仅仅满足于购买和使用，需求愈加趋于个性化和专业化。一些专业设备的使用也需要企业的操作指导和后续维护。信息增值服务模式就为企业提供了这样一种有效的解决方案。它是以先进、可靠的信息技术为手段，建立"全面、权威、实用、互动、安全"的门户网站体系，满足用户对综合信息的需求，实现对多种信息资源的整合。信息增值服务是知识密集型、技术密集型的制造业企业向服务型制造转型所选择的重要模式之一。

通过信息增值服务模式向服务型制造转型的企业，要做好以下三项工作。首先需要转变企业经营思路，建立通过信息增值服务进行产品和服务创新的理念；其次应该加快企业推动信息化建设的节奏；最后应该重视和加强自身核心技术、核心产品的开发，围绕核心产品开展信息增值服务。进行信息增值服务的优点在于，一方面将制造企业的利润增长点从有形产品拓展至信息等无形的服务产品，由此增加了客户忠诚度；另一方面使传统的信息增值服务的提供商通过产品制造，转化成为服务型制造企业。

6.2 大连电牵公司的服务化转型之路

6.2.1 企业简介

中车大连电力牵引研发中心有限公司（以下简称"大连电牵公司"）现为中国中车股份有限公司（以下简称"中国中车"或"中车"）旗下子公司。中国中车是由原中国北车股份有限公司（以下简称"北车"）、中国南车股份有限公司（以下简称"南车"）按照对等原则合并组建的 A＋H 股上市公司。中国中车现有四十六家全资及控股子公司，员工约十七万人，公司总部设在北京。自 1986 年南车和北车前身——中国铁路机车车辆工业总公司成立以来，公司历经数年发展，已经成为全球规模居前、技术领先、品种齐全的轨道交通装备供应商。目前，中国中车以机车、城市轨道车辆等为代表的产品，技术水平和产品质量已在世界上名列前茅，获得了六大洲近百个国家和地区的认可，并已经逐步从产品出口转变为技术输出、资本输出和全球化经营。

制造业是国民经济的基础产业，被称为中国经济的"脊梁"。大连电牵公司是中车旗下专业从事电力牵引与控制领域"三大关键核心技术"（即网络控制技术、变流技术、电传动系统集成技术）研发及"二大关键核心系统"（即网络控制系——"大脑"、牵引传动系统——"心脏"）产品开发配套与应用的高科技企业，同时也是中国铁路机车车辆牵引与控制产品的主要研发与生产企业。

大连电牵公司前身为原中国北车股份有限公司大连电力牵引研发中心，组建于 2001 年 3 月。公司成立之初以承接原北车的科研课题为主，是针对电力牵引与控制领域核心技术的科研单位。2008 年公司通过 ISO9000 认证，开始凭借自身研发能力和科研成果逐步迈向市场，为国内外轨道交通及相关多元领域配套生产批量产品，成为中华人民共和国国家发展和改革委员会（以下简称发改委）认定的具备城轨（地铁）车辆牵引系统、网络控制系统产品自主开发制造与市场投标资质的定点企业，并于 2012 年通过 IRIS 体系认证。

随着中国经济的高速发展，国家不断加大力度鼓励轨道交通装备制造企业和相关研究机构加强产品研发及试验能力的建设，在车辆、牵引传动系统、制动系统和信号系统的研发创新方面增加必要的设施。大连电牵公司成立之初以科研为定位，组织架构以技术研发为主，在向市场化运作转型的过程中，公司逐渐扩充部门，丰富组织架构。2013 年 10 月大连电牵公司完成了从"分公司"向"子公司"转型，整体改制并变更注册为独立法人企业，成为原北车的一级子企业，开始自负盈亏。截至 2018 年年底，大连电牵公司法人治理结构齐备，党工团组织健全，员工总数 443 人，拥有武汉子公司（控股子企业）、中车（捷克）科技公司 2 家子公司，总资产 10.95 亿元。

6.2.2　发展背景

大连电牵公司在经过企业整体改制后，其市场仍然聚焦于铁路机车车辆和国内城市轨道交通。随着市场环境的变化，大铁路货运能力逐步达到饱和状态，新增机车订单量下滑明显。此外，中车外部的中国铁道科学研究院集团有限公司（以下简称中国铁道科学研究院）等企业也开始参与市场竞争。在城轨领域，国务院发文提高城轨建设申报门槛和条件，对在建项目的风险管控也更加严格，这也相对减缓了各城市轨道交通的建设速度，新增城轨车辆订单量也有下滑，同时部分地区保护主义仍旧存在，订单获取难度增大。本小节我们就铁路机车车辆和城轨交通这两个领域的竞争对手加以分析，使读者了解大连电牵公司进行服务化转型的外因和内因。

首先说的是铁路机车车辆领域。在大连电牵公司的一项主营业务——牵引系统供应上，同为中车子公司的原中国南车集团株洲电力机车研究所（以下简称株洲所）、外部企业中国铁道科学研究院和外企日本东芝株式会社是中国市场上的主要竞争者。而在另一个主营业务——网络控制系统上，除大连电牵公司外，主要供应商仍是株洲所和原隶属于北车的青岛四方车辆研究所（以下简称四方所）。其中，株洲所依托技术和资本优势，可以为轨道交通装备提供全面解决方案和产品，是国内处于领先地位的车载电气系统集成商和供应商。四方所则借助与阿尔斯通公司、庞巴迪公司、塔尔格公司等国际轨道交通领域顶级公司的合作，实现了产业化、规模化发展，是国内处于领先地位的车辆控制系统集成商和供应商。此外，中国铁道科学研究院拥有亚洲唯一的国家环行铁道试验基地和五个国家级实验室，平台优势强，也是重要的竞争对手。

在国内城轨交通领域，改制后的中车系统内部相关企业也存在不同程度竞争。这些企业纷纷完善自己的技术体系，通过合作外国公司，在技术上与大连电牵公司形成了互相竞争的局面。另外，公司还面对许多来自中车系统外部的竞争者，诸如西门子股份公司、阿尔斯通公司、庞巴迪公司等国外知名企业。同时，深圳英威腾电气股份有限公司等新晋的民营企业也大量进入市场。这些对手各自优势明显，知名度和市场认可度高，技术和商业运作能力强，较大程度地影响了现有竞争格局，给当时的大连电牵公司带来极大压力（见表6.2）。

表6.2　城市轨道行业的竞争格局

供应商		竞争优势	竞争劣势
中车内部企业	株洲所	品牌知名度高； 技术实力较强； 商务运作能力很强； 多个分公司或合资公司	人员队伍建设与产品质量管控不能及时跟上发展速度，用户评价一般
国外知名企业	庞巴迪公司	品牌知名度高； 技术和商务运作能力强； 营销手段灵活； 在城市具有较强地缘优势	国内主体不真正具备自主技术研发能力； 较易受国际政治关系和经济环境影响； 市场参与形式与国家政策主流导向不同
新晋民营企业	英威腾公司	自主产业政策支持； 营销手段灵活； 特定区域具有较强地缘优势； 产业化运作经验丰富	品牌知名度一般； 自主技术研发能力一般

促使公司转型也有公司内部成本增加等因素，如大连电牵公司整体搬迁旅顺、建成投入使用动车组和机车牵引与控制国家重点实验室等动作，都阻碍公司利润提升。作为一个员工规模较小的企业，以上因素加剧了公司业绩的下滑。一系列的变动促使公司必须寻找到新的利润增长点，从而加快了服务型制造的探索进程。

6.2.3　主要措施

作为一家高科技公司，科研人员占比较高，硬件投入必须放在首位。为了推进服务型制造的开展，公司十分重视人才培养、设备改进、制度建设，在人才保障、制度保障、硬件保障方面做了合理规划。本小节将围绕这三个方面对公司主要措施加以阐述。

首先，人才是企业发展的根本力量，为了保障企业技术创新的顺利进行，大连电牵公司始终将人才放在第一要位。"求实、创新、严谨、和谐、高效"的研发团队是大连电牵公司技术发展与进步的不竭动力。大连电牵公司培育并集结着中国中车电力牵引核心技术领域的顶尖级技术专家和一大批优秀科技人才，400 余人的员工队伍中核心技术研发人员占 70%，其中硕士及以上学历占65%，股份公司级首席专家、资深专家、专家 50 余人。公司现有国务院政府特殊津贴 3 人，詹天佑铁道科学技术奖青年奖 1 人。尽管大连电牵公司制定了一系列人才政策与激励措施，但迁出城市中心区影响了公司快速壮大服务型制造转型人才队伍的脚步，如何吸引和留住服务型优秀人才成为一个重要课题。

其次是制度保障。作为一家"以人才为本"的企业，在国企的体制机制下如何最大程度激发技术人员的创新力是公司生存的重要课题。为此，公司设立了积极的人才培养模式，同时设计了激励制度。在员工培养方面，为每位员工制订合理的职业发展规划，有计划地进行轮岗实习，打造"管理"和"专家"两条晋升渠道，针对技术人员采用"一对一""师带徒"的全过程培育手段，针对管理人员实行"勤学习""引入外部力量"的方法快速弥补不足；策划科学的培训体系，积极开展核心人才的在职深造，全面提升员工素质和专业技能；大力推行项目经理负责制，目前公司已有 6 人通过了项目经理认证。在激励方面，公司不断优化完善薪资结构，虽然成本增加导致利润有所下滑，但人员收入基本上保证了一个合理的增长。

最后是硬件保障。为了保障企业的产业化进程的顺利进行，大连电牵公司在设施建设方面不遗余力。2011 年公司耗资 3.3 亿建设动车组和机车牵引与控制国家重点实验室（见图 6.4），2015 年该国家重点实验室正式挂牌运营，2016 年整体搬迁旅顺……作为一个规模较小的企业，近年来这些支出占了总支出的很大比重。其中，动车组和机车牵引与控制国家重点实验室为公司业务发展和项目实施提供了方案设计、试验仿真、监控管理等多方面的强力支撑。该实验室配套有机车车辆牵引控制半实物仿真平台、飞轮/粘滑试验研究平台等一大批研究开发及试验检测设备设施，综合试验能力通过中国实验室国家认可委员会认可。同时，该实验室还配置有完整的产品组装、调试、检验、交付和用户服务体系，有效支撑自身技术成果的转化和产品推广应用。

图6.4　公司国家重点实验室数据分析处理中心全景

有了强大的人才队伍、完善的内部制度和先进的实验设施多重保障的大连电牵公司，历经十几年的创业与发展，不断突破自我，攻克技术难关，获取了多项专利，逐渐在国内市场占据重要地位。如今，由大连电牵公司完全自主研制的列车网络控制系统产品已经在机车、动车组、地铁、轻轨等领域批量应用。

6.2.4　成果与困扰

经过长期努力，大连电牵公司已经在列车网络通信及控制系统产品开发、各种功率等级的变流产品开发、电传动系统集成产品开发应用等众多业务领域实现了自主创新突破，全面掌握一系列关键核心技术，并取得了大批技术专利和创新成果。目前，公司拥有相关核心技术专利400余项（其中发明专利占1/5），连续多年在全国科研单位中有效实用新型专利量排名前三十位。

2009年大连电牵公司研发中心在城轨领域成功获得轻轨车辆自主化牵引系统配套资质。2010年成功获得地铁车辆自主化网络控制系统配套资质。

2012 年实现了"北车心"牵引与控制核心技术产品在六轴、八轴大功率电力机车上的批量装车应用，同时成功配套出口内燃动车组走出国门，实现中国北车电力牵引核心技术自主配套核心能力的标志性提升。2013 年完全自主研制的自主化地铁车辆牵引系统顺利通过载客运行考核评审，具备了地铁车辆牵引系统研发、系统集成、系统保障、制造试验及应用服务的综合能力，其产品可以推广应用。

2017 年欧亚国际铁路展（Eurasia Rail）大连电牵公司代表中车高端装备系统供应商首次亮相，凭借着已在土耳其批量装车应用的伊兹密尔地铁车辆牵引及网络控制系统项目，引起当地铁路行业的广泛关注。2018 年大连电牵公司实验室首枚国产轨道交通控制芯片被嵌入网络控制系统，首款国产轨道交通网络控制芯片兼容了国外垄断芯片的所有功能，在 -40℃ ~85℃ 范围内，电磁兼容可满足多项指标要求。更为重要的是，同年，《工业和信息化部办公厅关于公布第二批服务型制造示范名单的通知》公布，大连电牵公司成功凭借全生命周期管理、总集成总承包服务的示范模式成为第二批服务型制造示范企业之一，是本批次辽宁省仅有的两个入选企业。2019 年大连电牵公司参与研制的"出口南非窄轨大功率交流传动内燃机车研制"项目获得中国中车科学技术特等奖，其中由大连电牵公司自主研制的牵引和网络控制系统为该机车搭配了各种成熟度较高的控制技术，为整车系统的控制性能和牵引效率的提升做出了贡献（见图 6.5）。

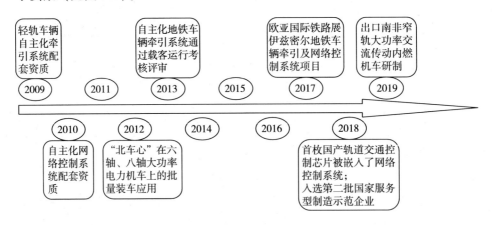

图 6.5　大连电牵公司历年主要成果一览

尽管取得了出色的成绩，但公司仍存在着方方面面不可回避的问题。首先从转型现状来看，公司转型后主营业务增长起色较慢，主导产业对新产业的带动效应不明显，实验业务、检修维保业务、新产业的业务收入及利润贡献率还有待提高。公司下一步是在原有技术研发领域继续深耕细作，还是将重心向提供产业和服务倾斜，需要进一步论证。

其次，从公司业务发展来看，市场开拓和营销能力尚待提升。大连电牵公司拥有动车组和机车牵引与控制国家重点实验室、国际科技合作示范基地、布拉格工业大学联合研发中心等高水平的技术创新平台，国家重点实验室的资产规模占公司总资产规模比例高，但面向中车内外部开展实验业务的潜力还未挖掘，使得以轻资产为特征的一流高科技企业价值未充分体现。尤其是在市场开放程度较高的城轨领域，竞争者数量较多，对公司压力较大。

最后，从公司组织管理来看，技术转化成产品的组织能力不足，产业化组织能力有待加强。大连电牵公司掌握电力牵引控制领域的核心技术，研发能力强、技术资源丰富，但将技术转化为产品的产业化组织能力不能匹配研发技术实力，市场动态响应能力也有待提升，这使得核心技术没有完全转化为高效益。同时，公司总部地处东北，人才外流现象严重，品牌辐射力弱，难以吸引优秀人才的进驻和长期服务。如何调整激励制度，进一步激发员工积极性，是迫切需要解决的问题。

6.3 大连电牵公司服务化转型案例分析

大连电牵公司凭借技术领先，结合自身技术研发和创新能力优势突出、生产制造类资产较少的特点，走向市场的同时积极构建"新造、检修、实验、新业务、新产业"五大业务体系。本节选择产业链上下游延伸服务、提供系统解决方案、销售和售后服务及全生命周期管理等几种典型的服务型制造模式，结合大连电牵公司的实际情况，进行制造业企业如何转型服务化的分析。

6.3.1 基于产业链的服务化路径：产业链上下游延伸服务

（1）战略定位变革

战略变革是企业为了保持可持续的竞争优势，在同外部环境的一致性过程中，随着时间推移而表现出企业形式和状态等方面的不同。具体表现在外部环境和企业自身变化均会引发战略变革，且战略变革的内容来自对业务范围、资源配置、竞争优势和同外部环境协调性的重新定义。

对大连电牵公司而言，从创立之初到整体改制之后，产品和服务的地位及内涵一直在发生变化。为了推动战略变革，大连电牵公司的决策层深入现场调研，充分联系沟通，认真制定变革方案，贯彻推行落实并在过程中循序渐进。公司战略方向可以归纳为技术研发、技术研发营销＋产品、产品＋全生命周期服务＋系统解决方案服务三个阶段。公司从以提供核心技术为主、配套产品的模式，逐步演变为目前的系统解决方案服务＋全生命周期服务＋产品模式。这是个免费服务→服务增值→服务带动产品→服务成为企业主导业务的过程，是一个服务附加值不断提升的过程。目前服务业务处于超越传统制造业业务的阶段，正在探索从"轨道交通装备产品提供商"向"服务提供商"的服务型制造的转型。

（2）提升研发能力

大连电牵公司成立之初以科研为定位，组织架构以技术研发为主。在向市场化运作转型的过程中，公司逐渐扩充部门，丰富组织架构，其目的是提升生产能力，强化工艺水平。但由于积累较少，公司产业化能力无法与专业生产企业相媲美，仅依靠公司自身无法满足越来越大的市场需求。于是扬长避短，充分发挥技术研发和创新能力的突出优势，将更多的生产工作转包给专业厂商，借助动车组和机车牵引与控制国家重点实验室平台，集中更多精力进行服务化转型。

在转型过程中，公司顺应数字化和信息化的时代发展趋势，结合自身的创新平台优势和核心技术研发优势，坚持轻资产运行。目前公司已经成功将城轨车辆牵引与控制产品涵盖地铁、轻轨、现代有轨电车、单轨等各类城轨车型，快速实现了创新技术成果的快速转化应用，支撑了我国轨道交通装备产业核心竞争力的打造。

在技术上,公司致力于电力牵引核心技术创新及相关产业化拓展,致力于为用户提供"先进、成熟、经济、适用、可靠"的电传动系统产品。然而,向服务型制造转型的道路并非一帆风顺,在部分服务功能上仍需要更多的理论和技术支持,如涉及故障预况、健康管理、远程维修等基础性共性核心技术研究的服务尚无法做出准确的分析和判断,分析能力不强,需要专家的深入持续研究和更多的大数据支持。

6.3.2 基于商业模式的服务化路径:系统解决方案

作为中车专业从事牵引与控制领域核心技术与关键系统产品研发应用的高科技企业,公司依托自身技术研发和系统集成设计能力的突出优势,始终坚持核心控制产品自制、系统部件集成的经营模式,按照系统一致性、协调性等标准为客户提供系统解决方案等服务。

(1) 综合服务

在提升综合服务能力方向上,逐步实现公司商业模式从产品向服务的转型。试点从产品销售商转型为服务租赁商,变产品输出为技术输出、服务输出。将产品销售与售后服务、检测服务等各项业务整合起来,向客户提供全价值链的服务。积极关注大数据分析、智能化远程监控等新技术,为开展综合服务积累基础。

(2) 基于半实物仿真技术的系统解决方案服务

目前轨道交通装备是融合大量技术的复杂系统,为解决客户运营中的多种问题。公司依托核心技术、关键部件的研制能力及系统设计能力,从一个核心部件供应商成为系统集成商,完成总集成。在总集成总承包服务模式下,公司依托轨道交通牵引与控制核心技术优势,为客户提供专业性强、集成化程度高的产品组合方案,包含系统设计、仿真验证、核心部件研制、集成配套、实验检测、调试支持、远程监控与诊断、健康管理、检修维保总包服务等一揽子服务业务,并进一步发展了基于半实物仿真技术的系统解决方案服务。

系统解决方案设计。公司面向轨道交通市场的实际需求,搭建了电力机车、内燃机车、电动车组、内燃动车组、地铁车辆、轻轨车辆、现代有轨车辆等系统级技术研究平台，为运营客户和整车企业提供动力系统和整车控制系统的系统设计方案，解决轨道交通车辆的列车运行曲线、坡道、转弯半径等一系列复杂问题。在系统解决方案设计上，目前公司在积极组织国家铁路和谐号、复兴号机车和动车组研制生产基础上，已成功为武汉地铁6号线、8号线，大连地铁3号线、12号线，大连金普线，石家庄地铁2号线，沈阳浑南现代有轨电车等国内12个城市提供城轨系统解决方案服务，并为土耳其、伊朗、埃塞俄比亚等海外12个国家提供城轨系统解决方案服务，获得了用户的好评。

仿真分析与验证。仿真技术能够复现实际系统中发生的本质过程，并通过系统模型的实验研究已存在的或设计中的系统，其中半实物仿真技术具备实时运行实验的优势，比一般的仿真技术更具可靠性和准确性。针对高度复杂列车系统的问题，半实物仿真是一种特别有效的解决手段。公司主要为客户提供核心控制部件，为确保系统解决方案的可靠性，公司基于德国 dSPACE 公司开发的控制系统及半实物仿真的软硬件工作平台建设了 dSPACE 实时仿真平台，实现了和 MATLAB/Simulink/RTW 的完全无缝连接。

以某型动车组功率提升项目为例，某型动车组计划配属到兰（州）新（疆）线运营。而兰新线最大坡道20‰且持续110km，该型动车组在长大坡道上实际最高运行速度仅能达到160km/h，无法满足线路速度200km/h的要求。大连电牵公司面向用户的实际需求，通过系统仿真和计算，提出了通过对牵引控制软件进行适应性开发，提升牵引功率，可以满足200km/h运营要求的技术方案。目前该功率提升车型已完成运行考核鉴定，奠定了应用推广基础，在后续批量生产组织时将产生可观的经济效益（见图6.6）。

图6.6 牵引仿真及视景系统

系统试验检测。在产品研制生产环节，公司聚焦于核心控制部件的研制，进行电气部件及系统总成研发，积极与行业内传统制造企业合作，实现以核心小部件带动大产业的发展路径。为进一步保障系统的可靠性，公司依托自身的动车组和机车牵引与控制国家重点实验室的实验检测能力，为用户提供真实产品的研究性试验、型式试验等实验检测服务。

实验检测。在提升实验检测服务能力上，公司细化出一系列内容，包括：借助对实验标准、实验方法、实验环境科学搭建的持续研究，全面提升公司实验能力配置的科技含量，塑造行业一流实验实力；结合公司技术研究、产品开发、产品可靠性提升研究及实验需求，持续组织实验能力的完善提升，确保满足公司内部实验检测需求；借助高水平的实验检测软硬件环境配置和内部实验检测经验积累，开展行业实验检测业务；全力组织对外实验技术研究合作、实验能力共建合作、实验业务开展合作，快速培育和提升公司实验检测能力的行业地位和国际影响力；发挥区域优势，积极面向大连及东北区域工业、军工、民用等领域进行实验检测服务业务的社会化拓展，努力成为东北地区较具影响力的实验检测机构。

6.3.3　基于价值链的服务化路径：销售服务和售后服务

大连电牵公司利用已有资源提升研发、营销等组织的各种职能能力，快速适应环境变化，构建双重组织结构，使其不仅能够有效管理当前的需求，而且也具有应对未来环境变化和建立新业务单元的能力。前文提到，价值链的三大体系是产品营销体系、供应链体系和售后服务体系。本小节我们以营销和售后为突破口，在营销方面我们选择了新兴产业的营销拓展，在售后方面则选择了信息化平台支持和检修维保延保服务两项成果做简要介绍。

（1）营销拓展

面对市场竞争的复杂局面，大连电牵公司一方面要依托牵引系统和网络控制系统优势的市场地位，完善有利于技术创新、降低成本、服务升级的管理体系和应对风险的机制；另一方面，加快向服务型制造转型的步伐，依靠研发能力强的优势，对接互联网、云计算等新科技，将企业资源更多地投入到服务型制造中。大连电牵公司明确向服务型制造转型的战略后，决策层能够敏锐察觉到当下发展面临的威胁，并积极制定应对措施，促成核心能力的优化迭代。

在新产业利润提升上，公司依托既有核心技术，以中车新产业业务板块的规模化打造为契机，为促进销售路径制定各项计划，积极发展战略新产业。在中车内部非轨道交通配套业务上，公司依托自身技术和业绩积累，持续跟进高端农机装备、智能制造装备等业务，努力实现相关业务的实质性切入；密切跟进中车新产业板块打造，选择合适业务主动缔结合作框架协议，确保共同寻找商机，快速培育新产业；积极拓展社会化新产业，结合大连及东北区域配套需求，主动向海工装备、工程机械等领域寻求配套商机。新产业的开展，形成了新的利润增长点。

在其他新兴服务业务上，大连电牵公司还注重信息增值服务业务的实践和突破，借助轨道交通领域卫星通信、新型数据通信网络的推广应用，瞄准区域需求、全国需求、全球需求，在智能化远程监控、大数据分析、安全性可靠性评估等增值服务上积极探索，大力开展数据应用服务。以上方式都是大连电牵公司拓展销售的举措（见表6.3）。

表6.3　销售服务与售后服务产品设计

服务方式	产品设计
购买	多种金融融资服务：租赁、融资租赁等
	高信贷通过率
	快速融资审批流程
	一站式服务
设备维护	超越行业标准的维护服务
	设备故障维修
	设备维护方案
	比行业竞争对手更广的设备维护覆盖
管理服务	全天候24小时在线客户服务管理
	全美联网的客户信用账户管理体系
	优秀的行业挑战应对方案
再次销售	融资租赁、回租服务
	二手设备销售
	转让设备保护方案

（2）信息化平台支持

公司建立了覆盖产品设计、制造、销售、服务等不同生命周期阶段的信息化平台，实现了公司各部门的员工、最终用户和合作伙伴之间高效的协同工作。同时，建立了运行监测中心等服务体系，能够通过车地无线通信系统进行远程监测和获取产品使用全过程的数据信息，开展故障诊断、远程维修、趋势预测等在线支持服务，提供计量检测、协同管理、资源管理、数据管理等增值服务。

公司在研发设计环节建设有产品数据管理（PDM）系统，在生产制造环节建设有供应链管理（SCM）系统、制造企业生产过程执行管理系统（MES），在售后服务环节建设有故障信息闭环管理系统（FRACAS）和客户服务信息管理平台，并自主建设了远程监控与诊断系统，配套公司自主远程监控与诊断系统产品出口土耳其、肯尼亚等海外国家。

（3）检修维保延保服务

公司积极为用户提供专业化的检修维保延保服务，包括预防性的维修维护、重要故障应急处置、备品备件的储备及长期供应策划、产品功能优化与升级服务、用户培训与指导及远程监控与诊断服务等，增值服务在质保期外以3年或5年为周期开展。典型的项目包括北京地铁15号线网络控制系统服务项目，上海地铁2号线牵引、辅助及中央控制系统检修项目，沈阳浑南有轨电车牵引系统项目等。

6.3.4　基于国家级示范企业的服务化路径：全生命周期管理

全生命周期管理是此次大连电牵公司成功入围国家服务型制造示范企业的服务模式之一。在发展过程中，公司充分认识到制造与服务的相互融合是未来制造业发展的必然趋势，在传统制造模式的基础上，积极探索实践各种可行的服务型制造模式，在各业务全生命周期的各个环节深入挖掘客户需求，深化技术创新，延伸服务长度和质量，逐步向服务型制造模式转型，实现增值价值的创造。

基于远程监控与诊断的全生命周期模式是公司一直都在强调和探索的方式，现在的发展目标是故障诊断和专家预测。远程监控与诊断服务是公司近年来为用户提供的一项重要信息增值服务。公司依托国家重点实验室数据处理分析中心，已积极开展机车、城市轨道交通、铁路货运装备远程监控与诊断服务，在数据传输处理和信息服务领域积累了丰富经验，为未来进一步向信息增值服务模式转型奠定了基础。

在产品全生命周期管理模式下，公司还积极推进两化融合发展，实施产品全生命周期的数字化管理，将产品需求、设计、制造、销售、服务和回收等不同生命周期阶段内与产品相关的数据、过程和资源集成在统一的平台上进行管理，对整个生产设计制造过程中的数据收集汇总，让链条趋于完整。目前全生命周期服务链条已经基本成形。

随着基于远程监控与诊断的全生命周期服务模式的推进，公司同步对远程监控与诊断系统的软硬件进行自主化研发推广，相关系统已经成功在肯尼亚内燃动车组、南非内燃机车、土耳其伊兹密尔地铁、北京地铁 6 号线等多个项目实现应用服务，系统能够对于设备相关故障进行即时报警，同时能有效地预测设备健康状况，最大限度地对设备的全生命周期进行体检式监测，真正实现设备"故障修"向"状态修"转变，提高设备的使用安全性和使用寿命，为用户带来价值增值。

6.4　本章小结

本章基于产业链的服务化实现路径、商业模式的服务化实现路径、价值链的服务化实现路径及国家服务型制造示范企业的实现路径，对不同类型的制造企业可以选择哪种服务型制造模式进行了深入分析。通过引入中车大连电力牵引研发中心有限公司的制造业向服务业转型案例，阐释企业转型背景、取得成果和现存问题，对该企业服务化进程中采取的一系列举措，分门别类加以说明。

根据产业链服务化实现路径的解析，上游服务化路径难度较大，适合于研发实力较强、资金较为充足，但是缺乏市场经验的企业。下游服务化对企业组织变革和经营管理能力要求较低，适合研发能力较低的企业。而上下游产业链服务化综合了前面两种路径，对于企业发展战略、企业的组织结构、运营模式等的变革都相对较大，因此对制造企业的要求最高，服务化转型难度最大。从商业模式的角度来看，制造企业提供服务产品的方式可以分为核心产品服务、系统解决方案、个性化定制、客户共同参与创造及新兴产业等。此外，商业模式还包括将物流、金融、设计、咨询等生产性服务业介入制造企业。而价值链实现路径，则是使价值链上的基本活动和辅助活动相互匹配、彼此促进，使整个价值链一起运作，形成企业的竞争优势。最后，围绕提升核心制造能力，开展模式创新并形成竞争力的中心思想，国家服务型制造示范企业的实现路径推出了供应链管理、产品全生命周期管理、总集成总承包的系统解决方案和信息增值服务四条路径。通过本章内容，希望使读者领会国企背景下的制造企业该如何进行服务化模式的选择和推进，如何使制造与服务协同发展，创造新的利润增长点。

7   制造企业服务化政策梳理及分析

7.1   制造业服务化国际政策概述

20世纪70年代"服务经济"的提出，标志着发达国家开始进入到服务经济的时代。但此时服务业的发展层面还较为狭隘，主要集中在物流、金融等领域，并不涉及制造业本身。到了20世纪90年代，发达国家的顶级制造企业开始提出"面向服务的制造"，从而在全球掀起制造业服务化的革新潮流。2000年以来，服务化已确定成为一种大趋势。

"服务型制造"概念应来源于1966年美国经济学家绿地（Green Field）提出的生产性服务业（producer services）。自20世纪60年代、70年代开始，发达国家就有推动制造业企业向服务价值链延伸的倾向。到了20世纪80年代，在部分发达国家生产性服务业已成为服务业最重要的内容。到了20世纪90年代，发达国家的顶级制造企业开始提出"面向服务的制造"，从而在全球掀起制造业服务化的新潮流。进入2000年，制造行业服务化成为未来发展的必然。如今在经过40余年的发展演化后，服务型制造的观念在以工业为支柱产业的国家已深入人心，我们将发展历程大致归纳为三个阶段。

第一阶段是20世纪70年代至20世纪90年代初，这是发达国家开始进入服务经济的阶段。此时这些国家的服务业产值虽超过了国内生产总值的一半以上，但还以金融、物流等传统服务行业为主，对制造行业本身较少触及。第二阶段是始于20世纪90年代初的十年，这是国际顶级制造企业着手进行服务转型的阶段。通用电气公司、IBM公司等大规模制造企业率先开始了提供解决方案的服务化战略，全球信息服务和信息产品外包逐渐得到重视。第三阶段是从2000年至今，这是国际顶级制造企业服务转型完成的阶段。在这一时期，通用电气公司与服务相关的收入已占到总收入的80%以上，而IBM公司也剥离了个人计算机硬件制造等非核心业务，正式转向扮演需求服务商和方案解决商的角色。

本章着眼于国际服务型制造业的发展，首先简述部分发达国家再工业化战略中涉及的服务型制造内容，细数美国、德国和日本等国的工业化战略和成果；然后分门别类将各国推动服务型制造的特色政策加以披露；再以IBM公司、通用电气公司等多个已完成服务化转型的典型制造企业为例，分析其转型模式；最后综合以上各板块内容，力求发现他国服务型制造政策制定的特点。

7.1.1　国外再工业化战略中的服务型制造

从发达国家开始再工业化战略以来，制造业已成为各国重要的战略产业。同时，各国也充分认识到服务是制造业未来趋势。现今在这些国家中生产性服务业的比重已占据服务业的一半以上。为了更好地提升制造业竞争力，尽早实现本国产业结构优化，许多国家都展开了关于制造业与生产性服务的关系等研究。显然，由于各国探索方式和侧重不同，对服务型制造的称呼也略有差异，如美国称其为基于服务的制造，澳大利亚称其为服务增强型制造，日本称其为服务导向型制造，英国则按照客户需求的满足方式的不同提出了产品服务系统的概念（见图7.1）。本小节选取了美国、德国和日本三个再工业化战略较完善的国家，从守成、开拓等视角介绍它们的战略体系和其中有关服务型制造的内容，供读者参考。

（1）美国"再工业化战略"

2009年奥巴马总统首次提出"再工业化战略"，目的是重振美国实体经济，谋求制造业与服务业的共同发展和促进产业结构的优化升级。这是以创新为核心、以先进制造业为重点来重建美国工业竞争力的国家战略。再工业化战略的主要内容包括政府拨款加大研发投入，支持先进制造业发展；政府引导企业创新，推动中小企业发展；改革教育培训体系，培养充足的人力资本等。为了贯彻这一系列举措，美国从立法保障、政策支持、构建辅助机构等多方面推

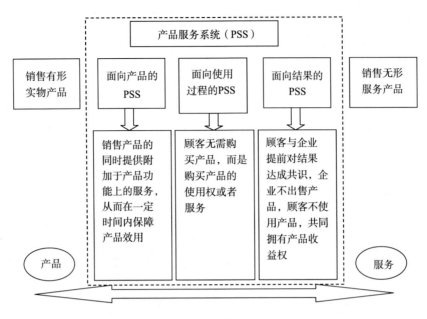

图7.1 产品与服务融合方式

进，由此提高了制造业的技术密集度，转变了美国经济的发展路径。

美国实践再工业化战略有如下 8 个方面的主要特点。第一在战略意图方面，重振国家产业公地，推动创新与制造环节深度融合，振兴先进制造业体系；第二在宏观政策方面，发布涵盖人才、创新、商业、金融、基础设施、国际贸易关系和体制机制改革等方面的《重振美国制造业框架》；第三在创新战略方面，高度重视政府推动创新的作用，强调全民创新和建设服务型政府；第四在战略任务方面，明确重点发展领域为高科技和先进制造业，成立多种专业性制造业创新中心，并促进制造业全面回流；第五在战略支点方面，以工业互联网发展为支点，使美国工业企业的商业模式从销售产品变为销售服务；第六在创新主体方面，先后出台《小企业就业法案》"五年出口倍增"计划、"金钥匙计划"等，强调扶持小企业成长、出口、进入他国；第七在战略基础方面，政府努力推动基础设施建设，计划筹集 500 亿美元用于基本建设并成立基础设施银行；第八在措施构建方面，加强立法保障，在产业、税收、创新、教育、新能源和对外贸易等方面提供政策优惠，并建立"白宫制造业政策办公室"等各类协调性组织。

再工业化战略的效果在于短期实施有利于促进经济复苏和就业增长，

2009—2015 年美国制造业增加值从 1. 73 万亿美元提高到 2. 17 万亿美元，增幅
25. 4%；美国制造服务化程度已成为全球最高，制造与服务融合型企业占制造
企业总数的 58%。长远来看，再工业化战略对于纠正实体经济与虚拟经济脱
节等社会问题、实现可持续发展的效果显著。

作为传统工业强国振兴制造业的决策之一，再工业化战略的内在意义主要
有两点。首先强调转变经济发展方式并非单纯地巩固原有的创新优势，而是以
现代制造业发展为主要目标，减少劳动力数量，增加工作效率。其次，基于当
今制造业与服务业的深度融合，先进制造业会对高端生产服务市场产生大量需
求，从而有效拉动工业和生产性服务业的就业岗位共同增长。以上两点都有效
促进了美国生产性服务的发展。另外，需要说明的一点是，再工业化战略体现
了典型的美国排他性和以自我为中心的战略思维，是大国采取的典型守成
战略。

（2）德国"工业 4. 0"

为了应对本国劳动力成本上升、创新能力不足及制造业比重降低等现实问
题，2013 年开始德国正式引入"工业 4. 0"项目，作为国家发展战略之一。其
理论成型的标志是德国工业 4. 0 工作组发表的《保障德国制造业的未来：关于
实施"工业 4. 0"战略的建议》和标准化路线图。总结概括后，我们将德国工
业 4. 0 体系分为"一个核心、双重战略、三大集成和八项举措"，其中涉及多
项与服务型制造发展密切相关的内容，下面简要介绍（见图 7. 2）。

德国工业 4. 0 的一个核心在于"智能 + 网络化"，通过构建智能工厂，实
现智能制造。双重战略指的是领先的供应商战略和领先的市场战略。其中，供
应商战略关注生产领域，将先进技术、完善的系统解决方案与传统生产技术结
合，助力德国制造；而市场战略有效整合了国内制造业市场，使各地区和行业
通过高速互联网络实现信息共享和分工合作，提高效率。三大集成则包括纵向
集成、横向集成和数字化集成。具体来说，纵向集成关注的是产品的生产过
程；横向集成关注的是全社会价值网络的实现；数字化集成关注的则是产品生
命周期不同阶段之间的信息共享。

在八项举措方面，标准化建设、基础设施建设、安全保障机制、健全规章
制度和注重教育培训五点在我国发布的相关文件中也有提及，暂不赘述。需要
特别细述的三点举措是：建模管理、工作组织和设计方式创新、资源利用率提

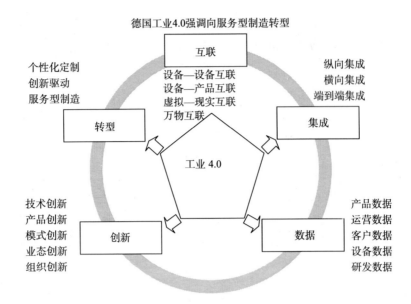

图 7.2　工业 4.0 中的服务型制造

升。建模管理有助于整合工业 4.0 系统涉及的不同地域、不同学科和企业，充分发挥系统功能；建立新的工作组织和生产协作方式能有效提高员工效率；资源利用率提升方面，不仅包括原材料与能源，还包括人力和财务等多项资源。

德国工业 4.0 体现出多项深具国家特色的战略思维，改变了德国制造业的发展方向。首先在生产模式方面，选择网络化、智能化为主要特征的新工业革命生产模式。其次在重点发展领域方面，更多关注的是制造的产品、制造的过程、制造的模式，而不是对重点行业进行关注。在行动路径方面，通过建立全球性信息物理系统（CPS），将物联网和服务网广泛应用于制造领域，实现三大集成，加快向制造业服务化转型进程。同时，工业 4.0 主张通过调节和配置智能制造资源网络，实现个性化定制服务，使一些有特殊产品个性需求的客户直接参与到产品的设计、制造、预订、计划、生产、运作和回收等生命周期的各个阶段。总体来说，工业 4.0 以提升德国全球竞争力为目的，是一项开拓战略。

（3）日本"制造业再兴战略"

为了打破传统制造业体制机制、催生各行业企业间的横向合作，2013 年日本政府提出"制造业再兴战略"。作为今后三大重点战略之一，它主要涵盖了体制机制改革、新市场创造、人才培养和海外拓展等四部分内容。为了配合制造业再兴战略，着力打造符合全球制造业未来趋势、满足本国制造业增长需求的技术架构标准和产业合作机制，日本发布具有本国制造业革新特征的"工业4.1J"计划并成立产业价值链主导权联盟（industrial value chain initiative，IVI）。

首先概述制造业再兴战略的四大主要内容。在体制机制改革上，日本导入从经营者角度出发的体制，删减行政手续成本；加大无形资产、研究开发的投资。在新市场创造方面，制定"面向600兆元GDP的官民战略"，重点关注物联网、大数据、人工智能、机器人、自动驾驶、定制品即时生产、智慧工场、无人机、共享经济和金融科技等新兴领域，并对中小企业加强政策支持（特色政策见7.1.2节）。在培养具备创新精神与挑战精神的人才上，强调发明创新，加强对人才培养方式的研究，优化人才市场环境。在海外拓展上，重点依托"跨太平洋伙伴关系协定"（TPP），加大出口力度，支援企业海外拓展行为。

接下来介绍由制造业再兴战略产生的"工业4.1J"和产业价值链主导权联盟的工作重点和聚焦方向，以此了解日本制造业服务化现状。"4.1"意含安全级别比德国工业4.0更高一级，"J"表示源自日本。"工业4.1J"聚焦于将工业智能化从单一工厂延伸到产业整体价值链。该计划当前的主要任务是将日本遍布于全世界的工厂串联起来，利用云端技术监控现场控制系统，实现安全的资产管理、采购管理、远程服务、高级控制技术支持的智能工厂。产业价值链主导权联盟聚焦工厂互联机制，由多家企业组建。联盟主要工作是以跨产业、跨企业形式，将不同规模的企业、工厂连接起来，从产品生命周期出发，将产品从设计阶段、生产制造阶段到售后服务阶段，一并导入连接并最终实现"物联化"。

通过施行制造业再兴战略，极大地促进了制造企业对于发展数字化、互联化、物联化的主动性，使日本制造业的信息化程度从30%迅速提高到50%以上。此外，还加剧了制造业不同领域的深入融合程度，加快制造业升级换代，重点推动汽车与电子、建筑与机器人、能源与信息等跨领域融合。"再兴战略"符合全球制造业信息化的主要趋势，是日本巩固国际竞争力的重要举措。

7.1.2 各国制造业服务化政策概述

为了推行服务型制造，许多制造业大国制定了多方面政策。将这些国家的特色政策进行归类，并结合这些国家的重点发展领域或取得的成果，初步判别服务型制造政策制定的正确走向和最优路径，为我国的服务型制造领域发展提供参考。根据目前资料，各国服务型制造政策主要分为体制改革、研发能力、财税保障、人才政策、专门机构等五个方面（政策概览见表7.1）。另外，还总结出各国共性的重点发展领域——服务外包、服务贸易和集群发展。

表7.1   各国政策概览

政策领域	国家	政策内容
体制改革	美国	推动信息技术发展，鼓励中小企业开展科技创新
		在多个行业引入竞争机制，放松管制，创造良好的外部环境
		交通运输领域改善性政策《汽车运输法案》
		允许银行从事有限的证券承销和保险业务
		1999年出台《金融服务现代化法》，允许银行控股公司升格为金融控股公司，允许升格或者新成立的金融控股公司通过其控股的子公司从事具有金融性质的任何业务
	英国	1991年发布"电信政策白皮书"，英国电信市场开始对外开放
	日本	解决修正长时间劳动、托儿所问题
		促进运营的多样性
研发能力	英国	增加投入
		技术创新发展计划
	日本	顶尖人才科研机构
		人工智能研究开发指挥部
		民间主导区域与世界对接的桥梁平台建设
		增加企业科研投资
		政府部门合作机制
		创造超越企业组织边界的数据活用平台

续表

政策领域	国家	政策内容
财税保障	美国	研发经费投入
	英国	研发经费投入
	韩国	增强服务业竞争力综合对策
	日本	对中小企业引进小型通用机器人减免20%成本
	新加坡	税收优惠 城市基础设施优先安排
人才政策 （人才引进）	英国	"企业家奖学金"鼓励具有聪明才智的特别是高技术领域的研究生到英国发展自己并开创新型企业
	日本	日本高级外国人才绿卡政策
	新加坡	创造优良的生活环境
	澳大利亚	商业和社区振兴运动
人才政策 （教育培训）	日本	中小学计算机和程序设计教育必修
	韩国	服务业人才培养体制完善计划，设立服务领域专科学校，加强产学服务专门人才联合教育，并与"服务产业支援中心"共同输送高质量服务专业人才
	英国	应届毕业生全日制就业教育培训计划，培训社会需求量大的工种 出资安排失业人员进入企业培训 企业高层培训
	新加坡	新加坡金融人员转换方案，培训没有金融服务经验的人成为符合金融业能力标准的金融人才
专门机构	英国	企业管理和咨询顾问署，雇佣1000多名有公司背景的退休企业家和工程技术人员为高层顾问，帮助企业制定发展计划 1993年成立八个工作小组，针对法律法规体系进行梳理，以解决知识密集型生产性服务业发展出现的知识产权和法律法规等问题 20名金融业要员组成金融服务业全球竞争力小组
	新加坡	服务业总体推进机构
	日本	成立了服务业专门研究小组
	美国、 日本、 德国	物流协会

（1）体制改革

为了促进金融、电信、运输等生产性服务业的发展，发达国家完善了多项政策法规，意在放松管制，打破垄断，优化环境。先介绍英国的打破垄断政策和日本的优化环境政策。英国政府在 1991 年发布"电信政策白皮书"，打破了英国电信公司和莫克瑞通信公司"双寡头垄断"局面，英国电信市场开始对外开放。而日本政府整顿了雇佣环境，通过修正工作时长问题、托儿所问题和促进运营多样性等手段来推动女性和高年龄者的职场活跃度。

再来重点阐述美国的放松管制策略。美国生产性服务业发展水平很高，得益于放松管制得来的良好环境。例如在多数国家都由政府垄断的交通运输领域，美国出台了《汽车运输法案》等一系列改善性政策，把竞争引入运输行业，衍生了第三方物流等新兴物流企业，为客户提供全方位服务，深受市场欢迎。如今的美国已拥有世界上最发达的物流服务系统。再如在资本市场，美国也同样出台了放松管制政策，放松了对商业银行发展的控制，允许银行从事有限的证券承销和保险业务，在提升银行业效益的同时提升了银行业的竞争力。现今的金融服务业增加值已占国内生产总值8%左右，成为支柱产业。

（2）研发能力

科技创新是国家服务型制造发展的核心动力，而研发能力是制造业企业科研创新的主体。为了增强研发能力，2002 年 7 月，英国贸工部出台了《投资于创新》的政府战略报告，鲜明地提出要为国家创新能力的提高增加投入。随后英国政府出台了技术创新发展计划，积极鼓励大学与企业联手开展科技创新活动。日本也有这方面政策，计划到2025 年建设 5 所聚集国内外顶尖人才的科研机构，设立人工智能研究开发指挥部，企业对大学、科研法人投资增加等。

（3）财税保障

为激励服务型制造企业的转型和发展，许多国家都加大了财政税收方面的优惠措施。根据相关资料，财税支撑的投入主要在科技和竞争力两个方面。一是科技创新的资金投入。为了发展技术密集型生产性服务业，各国都很注重对科技资金投入，如美国近年服务业的研发经费投入的平均增长率是其他行业平均增长率的两倍。而据英国国家统计局统计数据显示，2002 年英国服务业的科研投资总额已达到 25 亿英镑，是当年制造业科研投资增长速度的 4 倍。二是国家竞争力的财税支持。2007 年韩国财政部等 21 个相关政府部门制定了新的"增强服务业竞争力综合对策"。新加坡政府在金融、跨国营运总部、采购中心等方面也出台了税收优惠、城市基础设施优先安排等财政政策。

（4）人才政策

人才是国家科技进步，综合实力提升的重要推动力。为了引进和培训人才，许多国家制定了各种政策。在人才引进层面，首先是高端人才引进政策，如英国政府建立了"企业家奖学金"，鼓励具有聪明才智的特别是高技术领域的研究生到英国发展并开创新型企业；再如日本的世界最便捷"高级外国人才绿卡"政策。其次是人才挽留层面，如新加坡通过创造优良的生活环境，吸引和留住高素质的专业服务人才；澳大利亚则实施了商业和社区振兴运动，着力改进社区服务和生活方式。

在教育培训主要分两个层面，一是建立多层次专业人才培训体系。在信息人才培训上，日本在基础教育时期推行计算机和程序设计教育的必修化，而且加强高等教育中理科、情报活用能力，培养高级情报人才；在服务业人才培训上，韩国则推出了"服务业人才培养体制完善计划"，通过设立专科学校培训服务业各领域的专业人才。二是实施就业培训计划。为了增加就业率，英国政府20世纪90年代推出了应届毕业生一年期全日制就业教育培训计划，政府发放一定数量的培训津贴，培训内容主要是社会需求量比较大或即将产生大量就业机会的工种。

（5）专门机构

由于生产性服务业涉及的门类较多，行业管理较为复杂，专门机构有助于从战略高度指导和协调行业发展。这些机构不仅能够协助政府做好行业规划、制定政策、规范市场竞争秩序，同时还展开研究，指导行业发展，举办交流活动，提供信息咨询服务，开展专业人才培训。发达国家为了给企业提供专业化服务，成立了各类专门机构。

在企业管理领域，英国政府建立了顾问署，在全国雇佣了1000多名有公司背景的退休企业家和工程技术人员为高层顾问，负责帮助企业制订发展计划，引导企业改变经营策略。在现代物流领域，美国、日本、德国等国都建立了物流协会。在金融服务领域，英国为保持其金融服务业在国际金融市场的竞争力，成立了由20名金融要员构成的"金融服务业全球竞争力小组"。

此外，美国、日本和新加坡等国还拥有服务业的专门机构。美国纽约市市政府商务部门与能源、环保等多部门组成"服务业发展促进委员会",用以指导生产性服务业发展;日本东京市经济财政咨询会议和金融厅两大政府机构成立了"服务业专门研究小组",以解决发展中的重大问题;新加坡还建立了"服务业总体推进机构",及时监测和解决问题,并通过一系列的产业政策和扶持行为引领生产性服务业发展。特别要说明的是,作为发展中国家,印度的"国家软件和服务公司协会"在推动本国软件和服务产业发展上发挥了巨大作用。印度国家软件和服务公司协会拥有包括来自印度、中国、美国、日本及欧盟的上千家企业,该组织的主要功能是协调政府部门与产业界之间的关系,推动产业规划与发展,促进人力资源开发,协调国内或国际合作等事项。

(6) 重点发展领域

在推动服务业与制造业融合的过程中,很多国家都不约而同地采取了一些相同或相似的发展策略。通过整理发现,服务外包、服务贸易和集群发展都被广泛应用。首先许多国家都十分重视服务外包对生产性服务业的促进作用。例如韩国建立了"外包服务提供商数据库""外包服务需求企业"等网上检索系统,对外包服务企业实行"国家公认资格证书"制度等来推动外包服务发展。其次,一些国家通过积极发展服务贸易,带动生产性服务业发展。例如美国为了促进和扩大生产性服务贸易出口,专门制定了"服务先行"的出口促进策略,重点促进其具有强大竞争优势的商务与专业技术服务(包括环保、能源等工业服务)、交通运输、金融保险等行业发展。

最后需要讲的是产业集群。服务业集群与制造业集群的互动发展能有效推动整个系统竞争力的提升,制造业和服务业是产业集群的基础和必要因素,而产业集群这种中间型组织对于对制造业和服务业的发展发挥了促进和协同作用(见图7.3)。日本等多国都有类似政策导向,在此不一一列举,重点讲述一下英国生物技术产业的生产性服务业集群式发展模式。

支撑英国生物技术产业高速发展的因素之一是其完善的生物技术产业集群服务体系。而生物技术产业集群服务体系的形成则源于英国政府集群式发展生产性服务业的思路。早在1999年英国政府就制订了"集群行动计划",明确以地区发展署为主体,通过规划孵化器和科学园区,强化与学校、科研院所、地方管理部门和风险企业之间的合作。这一手段间接推进了生产性服务业集群的形成,借助产业集群发展,英国的区域经济和其他产业也快速进步。

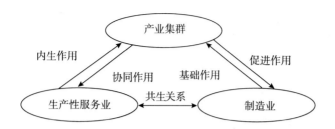

图7.3　生产性服务业、制造业与产业集群之间的内在关系

7.1.3　国外制造企业服务化转型经验借鉴

在力促服务型制造的大环境下，制造企业也逐渐将工作重点由生产环节转向下游服务环节。当然，也是出于产品市场竞争力激烈的原因，企业开始重新审视价值链，从客户需求出发考虑问题，将利润构成的主要部分从产品转变成客户需要的多种服务。通过案例分析，企业的服务化经营可以分为四种模式：嵌入服务、一体化服务、广泛服务和分销控制。本小节分别介绍使用四种模式的企业如何由生产制造业转变为服务型制造业，最后通过借鉴成功服务化转型的 IBM 公司经验，将制造企业服务型制造实施历程进行梳理，为有需要的企业提供参考。

（1）嵌入服务

嵌入服务是通过数字技术架构将分散产品转变为一个有机体系或一种产品，从而为客户提供系统、完善的服务。例如通用电气公司利用企业在航空、医疗等领域的高端机器和设备的制造优势，收集大量数据，同时不断地收购整合其他软件公司的技术，增强对数据的分析和处理能力。通用电气公司将这些数据信息处理技术转化成工业互联网产品，从而降低成本和提高生产效率。

通用电气公司在发动机制造之余，还利用飞机性能数据，拓展了故障预测、恢复和规划等业务，为航空领域提供服务。通用电气公司凭借其强大的业务整合能力，不断用自身的技术去改善收购的业务，推出工业互联网平台——Predix，将其打造成工业互联网的操作系统标准，降低了企业采用工业互联网应用的门槛。由此可知，利用数字信息技术将价值链重点由出售产品转移至出售产品和服务，或者依托产品以服务为主营业务，是制造企业取得丰厚利润的有效模式。

(2) 一体化服务

一体化服务是指将实物产品和服务整合为最能切合顾客需要的方式，将产品与服务合为一种无缝新产品。典型企业苹果公司，以手机用户资源为依托，建立了 iTunes、Apple Music 和 App Store 等在线软件应用、歌曲、视频商店，开发基于地图、语音、支付的各种增值服务，并开发出苹果智能手表，监测顾客的运动、健康信息，并为其提出个性化建议。2017 年度，苹果公司在该项业务的年度营收达 278.04 亿美元。

总结上述案例，在产品标准化、批量化的时代，企业难以单纯依靠销售产品的数量来参与竞争，更多的是以与众不同的产品研发、设计等优势来吸引客户。在波特的《国家竞争优势》中，差异化策略是形成竞争优势的重要途径。在知识经济时期，制造企业尤其应以创新为核心内容，向客户提供有科技含量的服务产品或环节，确保在同类竞争中脱颖而出。这些服务产品或者环节涵盖的技术含量较高，为客户量身订制，形成了明显的竞争优势。当然这也对企业的综合实力要求更高。

(3) 广泛服务

广泛服务是制造企业利用实物产品供应者身份同时向顾客提供多样化、广泛的服务。美国通用电气公司是一家典型的实行广泛服务模式的制造企业，例如在飞机发动机制造以外，利用飞机性能数据为航空公司提供服务；或者利用电力设备领域的优势，构建能源管理系统，提供能源金融服务。服务项目的范围贯穿从生产、销售再到售后的全产品生命周期，并为客户提供人员培训、保险信贷等多元化服务。在实行广泛服务的过程中，通用电气公司重视采用工业互联网技术实现服务增值。在为燃气轮机产品的客户提供服务时，开设了专门网站帮助客户了解使用中的设备运营情况，使客户能够快捷地查询所购机器和其他同等型号机器相比的运营情况，并给出维修和改进方式等个性化建议。同时通用电气公司还将金融和工业融合发展，通过推广金融服务，笼络了大批有价值的客户。随着通用电气公司的服务化转型，服务为企业利润做出了重要贡献，2010 年服务业务在企业总产值中占比达到了近 70%。

综上所述，身处同一行业的制造企业之间由于产品、技术的相似性，在产品销售过程中的竞争愈加激烈，与用户特别是重点用户建立用户同盟，巩固关系，对于企业服务业务的发展至关重要。所以切实为用户考虑，了解用户的需求，并进一步发掘他们的潜在困扰，以此为基础开发服务产品，减少用户购买、使用和维护实物过程中的成本，提高产品效率，才能增强企业与客户的联系，保持竞争优势。

（4）分销控制

分销控制是指制造业企业控制分销领域从而掌握主动权。例如米其林公司的发展策略之一就是引进驰加店，控制了下游分销盈利，将店内服务视为销售新的利润增长点。驰加店是米其林集团在全球推出的轮胎零售服务网络品牌，拥有统一的店面形象和服务标准。在驰加店里，米其林除了提供轮胎更换、四轮定位、调位等简单服务外，还能提供快修保养、车辆清洗、汽车美容等服务。消费者不需要走出驰加店就可以获得所有相关服务，在掌握了销售主动权的同时，也提高了分销工作效率，升级了品牌形象。

当实物产品生产力过剩时，销售难度增加，而分销机构由于掌握了销售渠道，可以通过控制市场分销来迫使企业降低价格。所以，分销机构在整条价值链中占据主动。当制造企业不愿受制于人时，则开始并购分销机构，自行建立销售渠道并提供服务，在掌握了销售的主动权的同时还大大提升了分销领域的效率。

（5）IBM公司与服务化转型

作为服务型制造最成功的国际硬件制造企业之一，IBM公司通过一系列改革调整了业务结构，剥离非核心业务，加强纵向合作，由"信息技术产品制造商"转变为"提供硬件、网络和软件服务的整体解决方案供应商"。为了实现公司的服务化转型，IBM公司从战略和管理层面入手，建立了多种服务型制造的商业模式。该公司的服务化涉及了行业战略层面上的商务战略咨询和托管服务，企业管理层面上的电子交易、电子协同、客户关系管理、供应链管理、企业资源规划、商务信息咨询等多项内容。

转型后IBM公司的核心服务是为客户量身定做信息技术的解决方案，帮助客户培养在激烈的市场竞争中随需应变的素质，引导客户的业务转型。在此过程中，IBM公司贯彻了"随需应变""专业专注"和"公共资源"三个理念，不仅关注客户需求，还要有出色的响应速度来及时应对问题，有良好的知识和信息系统以发现客户潜在需求，利用公共资源将售后服务外包以降低售后成本。下面通过流程图简介一下IBM公司服务化转型的步骤，为其他有相同需要的制造企业提供参考（见图7.4）。

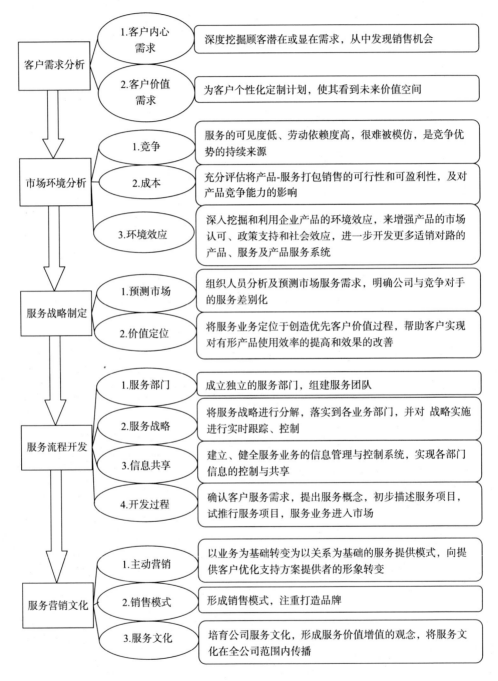

图7.4　企业服务型制造转型流程图

7.2   国内制造业服务化政策的总体趋势

自 20 世纪 80 年代中期，我国开始重视服务业的发展，主要表现为提出发展第三产业，提高服务的社会化、专业化水平。2006 年国内学者蔺雷、吴贵生在《制造业的服务增强研究：起源、现状与发展》一文中提出了"制造型企业服务增强"的概念，应大力发展面向生产的服务业这一观念逐渐为人所知。时至 2015 年，国务院印发《中国制造 2025》，为中国发展服务型制造奠定了基础。通过综合分析国内制造业和服务业融合发展状况、国家对服务型制造的关注程度、出台政策数量、质量及国家政策导向等因素，将国内服务型制造相关政策的发展历程初步分为三个阶段，即服务经济阶段、生产性服务阶段和服务型制造阶段（见图 7.5）。

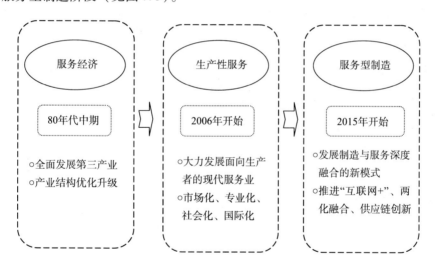

图 7.5   中国服务型制造相关政策发展历程

7.2.1   服务经济

服务经济是近 50 年来崛起的新的经济形式。我国的服务业自 20 世纪 80 年代开始受到主管部门的高度关注，呈现迅猛发展的势态，在国民经济构成中的比重逐年上涨，现今已占据重要的地位。服务经济的范围涵盖了服务业乃至对外服务贸易中广阔的市场经济门类与形式，它是我国正在进行的产业结构调整升级的主要途径，关系到国家未来经济发展的趋势。

（1）阶段特征及政策梳理

随着市场经济的崛起，我国制造业开始迅速发展，与此同时，服务业却发展缓慢，占国民经济比重远低于世界平均水平。鉴于此，政府部门提出了大力发展"第三产业"的政策建议。此时的政策导向上，延续了以第一产业、第二产业为支撑，促进第三产业发展的传统格局。发文机构以国务院为主，各部委激励服务业发展的政策还比较少。发文形式多以"通知""暂行规定"等方式为主，如《促进产业结构调整暂行规定》，很少出现长效的决策性规划。发文目的多为增加服务业的国民经济占比，并未将生产与服务进行明确关联。发文内容论述较为笼统，仅将产业结构优化升级，加大技术研发，发展现代服务业等作为阶段工作任务，缺乏具体部署和执行保障（主要政策见表7.2）。

表7.2　服务经济时期主要政策一览

发布时间	发布单位	文件名称	核心内容
1985 年	国务院	国务院批转关于上海经济发展战略汇报提纲的通知	重点发展内外贸易、金融服务、咨询服务、旅游
1986 年	国务院办公厅	国务院办公厅转发电子振兴领导小组关于搞好我国计算机推广应用工作汇报提纲的通知	形成开发、咨询、培训、维修等计算机服务业群体
1992 年	国务院	中共中央国务院关于加快发展第三产业的决定	科技服务是第三产业的发展重点
2001 年	国家计划委员会	"十五"期间加快发展服务业若干政策措施意见	加快企业改革重组 加大对外开放和放宽市场准入
2003 年	国务院	中共中央、国务院关于实施东北地区等老工业基地振兴战略的若干意见	实施土地置换、退二进三等政策 推进资源型城市转型
2005 年	国务院办公厅	国务院办公厅关于加快电子商务发展的若干意见	提升技术服务水平
2005 年	国务院	促进产业结构调整暂行规定	发展大型服务业企业集团 发展高新技术，促进产业链延伸

在服务经济时期出现过一些有指导意义的文件，如 1985 年国务院批转的《关于上海经济发展战略的汇报提纲》，是东部沿海推广"第三产业"较早的地区纲领。该提纲计划到 2000 年"第三产业"占地区国民生产总值的 50%，并将发展贸易、金融、咨询和旅游作为重点工作。而 1986 年国务院办公厅转发的《关于搞好我国计算机推广应用工作的汇报提纲》则提出在行业内进行传统产业改造，形成面向社会的计算机服务业群体。1992 年颁布的《中共中央国务院关于加快发展第三产业的决定》则开始全面、系统地在全国推进第三产业快速发展，加速改革开放进程，意在提高服务的社会化、专业化水平，以缓和国内经济矛盾。这是我国全面发展第三产业，提升服务业产业地位的开端，此后多个国家发布和地方发布的政策均是贯彻这一决定。

（2）典型政策阐述

为解决我国第三产业发展慢、水平低、不适应国民经济发展需要的现实问题，1992 年 6 月国务院颁布了《中共中央国务院关于加快发展第三产业的决定》（以下简称《决定》）。《决定》分为三部分，首先明确发展第三产业的战略意义，其次制定了发展第三产业的目标和重点领域，提出大力发展面向生产、生活等多种类服务业，并在传统服务业的基础上逐步重视发展信息、物流、金融等现代服务业，使第三产业增长速度要高于第一产业、第二产业。为了实现这个目标，《决定》在最后提出了几方面措施促进产业发展，包括政策保障、简政放权、改革开放、价格补偿、金融支持、税收优惠、人力资源、规划管理等。

《决定》是较早出台的全面发展现代服务业的政策之一，对推动我国服务业有现实意义，也对后期多项政策制定奠定了基础。但其中没有提及"制造"与"服务"协同发展的内容，这也许与当时我国生产与服务结合的理论体系尚未形成，如何发展还没有明确定论有关。此后国内学者深入研究，跟进探讨，使理论架构不断完善，并在后期形成了诸如《"十五"期间加快发展服务业若干政策措施的意见》《促进产业结构调整暂行规定》等文件。

7.2.2 生产性服务

生产性服务业是与制造业直接相关的配套服务业，主要包括研发设计与其他高技术服务业、交通运输业、物流服务业、信息服务业、商务服务业、金融服务业等多种服务行业。2006年国家"十一五"规划明确提出提高服务业的比重和水平，拓展生产性服务业，大力发展主要面向生产者的服务业，细化深化专业化分工，降低社会交易成本，提高资源配置效率。

（1）阶段特征

生产性服务阶段经历了"十一五"和"十二五"两个时期。"十一五"期间发文机构仍以国务院为主，加大了对发展服务业尤其是生产性服务的重视程度。先后颁布了一系列针对各行业的产业规划，设定目标以增加企业销售收入中现代制造服务收入的比重为主。在"十二五"时期，生产方式发生变革，柔性制造开始成为先进制造业的发展方向，推进信息技术和先进制造业深度融合已确定成为工业转型升级的重要目标。因此"十二五"期间发文单位中各部委数量明显增多，如工信部等五部委《关于加快推进信息化与工业化深度融合的若干意见》。

相比服务经济时期，生产性服务时期的国家政策导向有了进一步的细化，并增加了具体措施。如国务院印发《工业转型升级规划（2011—2015年）》，其中明确了加快发展生产性服务业，推进信息化与工业化深度融合，加快推动制造业向数字化、网络化、智能化、服务化转变等指导思想，并制定了加强对生产性服务业的财税支持力度等鼓励性的方针政策。

生产性服务阶段是我国服务型制造发展的进阶时期。从表7.3可以发现，自2006年国务院《中华人民共和国国民经济和社会发展第十一个五年规划纲要》中提出了"发展面向生产者的服务业"以来，多个重要文件涉及"制造业与服务业融合"内容。这一阶段国家政策导向逐渐清晰，特别是2014年《国务院关于加快发展生产性服务业促进产业结构调整升级的指导意见》，首次就"生产性服务业"单独发文，再次表明我国对产业结构转型升级，发展生产性服务业的迫切愿望（生产性服务阶段政策梳理见图7.6）。

表7.3　生产性服务时期主要政策一览

发布时间	发布单位	文件名称	核心内容
2006年	国务院	中华人民共和国国民经济和社会发展第十一个五年规划纲要	大力发展面向生产者的服务业
2006年	国务院	国务院关于加快振兴装备制造业的若干意见（摘要）	以重点工程为依托推进自主制造以市场为导向形成集设计制造与服务一体的工程公司

发布时间	发布单位	文件名称	核心内容
2007 年	国务院	国务院关于加快发展服务业的若干意见	促进现代制造业与服务业有机融合 提高服务业对外开放水平 推进改革优化服务业发展环境
2009 年	国务院	国务院关于进一步促进中小企业发展的若干意见	完善金融、财税、市场、体系建设 加快技术进步和企业集聚协同发展
2011 年	工业和信息化部等五部委	关于加快推进信息化与工业化深度融合的若干意见	加快建立现代生产和经营管理体系 提高资源利用和安全生产水平 助中小企业降本增效创新发展
2012 年	国务院	国务院关于印发工业转型升级规划（2011—2015 年）的通知	发展面向工业生产的现代服务业
2012 年	国务院	国务院关于印发服务业发展"十二五"规划的通知	壮大服务业新型业态和新兴产业
2014 年	国务院	国务院关于加快发展生产性服务业促进产业结构调整升级的指导意见	国务院首次发布以"生产性服务"为标题的指导意见

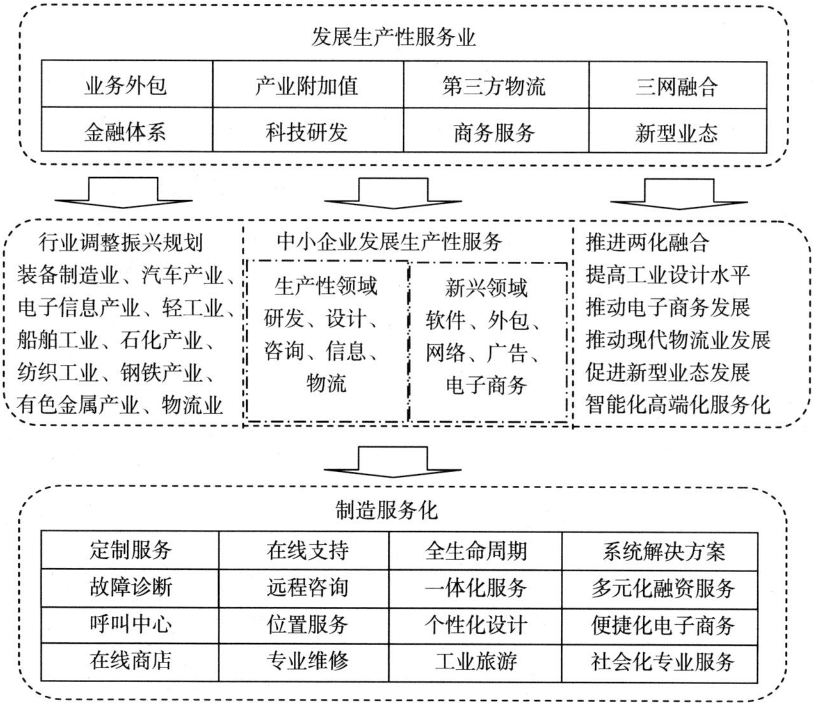

图 7.6 生产性服务阶段政策梳理

（2）典型政策阐释

为了缓解我国生产性服务业水平不高、结构不合理等问题，国务院在2014年8月出台了《国务院关于加快发展生产性服务业促进产业结构调整升级的指导意见》（以下简称《指导意见》），旨在加快重点领域的生产性服务业发展，进一步推动产业结构调整升级。该指导意见包括总体要求、发展导向、主要任务和政策措施四个方面内容。

《指导意见》首先明确了科学规划布局、放宽市场准入、完善行业标准、创造环境条件，加快创新发展的指导思想；其次指出了引导企业向价值链高端延伸，分离外包非核心业务，并加快生产制造与信息技术服务融合的发展导向；再次布置了研发设计、第三方物流等十二项重点任务；最后制定了一系列措施并进行部门分工。政策措施包括扩大开放，放开生产性服务业市场准入；完善财税政策，将营业税改征增值税试点扩大到服务业全领域；创新金融服务，鼓励发展商圈融资、供应链融资等融资方式；合理安排用地，规范服务价格；加强知识产权保护，建立创新发展服务平台和专业人才服务平台；建立健全有关部门信息共享机制等多项内容。

《指导意见》是国务院首次专门针对生产性服务业发展做出的指导意见，明确了现阶段我国生产性服务业重点发展的主要任务，并提出在推进生产性服务业加快发展的同时，落实和完善生活性服务业支持政策。但是，该指导意见提出的发展要求过于笼统，保障措施内容也不甚具体，还需地方政府根据各地实情出台进一步实施意见。

7.2.3 服务型制造

服务型制造是基于制造的服务和面向服务的制造，是制造与服务相融合的新产业形态，是一种新的先进制造模式。相比于传统制造模式，服务型制造是为了实现制造价值链中各利益相关者的价值增值，通过产品和服务的融合、客户全程参与、企业相互提供生产性服务和服务性生产，实现分散化制造资源的整合和各自核心竞争力的高度协同，达到高效创新的一种制造模式。

（1）阶段特征及政策梳理

自 2015 年《中国制造 2025》推出以来，国务院及各部委发布的与"服务型制造"相关的政策文件呈现井喷之势，数量几乎超越了以往三十年的总和，而涉及的行业范围也基本涵盖了传统和新兴的各种制造业。各部门围绕服务型制造就主管工作制定了一系列相关政策、解读、指导意见和建设指南，其中既有方向性意见，也有涉及信息、金融、物流、生产等多项与制造业密切相关行业的具体指导意见和工作安排。其中工业和信息化部推出《〈中国制造 2025〉解读之：加快发展服务型制造》一文，将服务型制造发展的内在原因、外在需求、行业现状和政策导向等做了高度概括，标志着我国服务型制造时代的正式来临。至此，中国发展服务型制造的政策体系已经趋于完备，为将来长期的制造业稳定发展提供了决策依据。

服务型制造时期的政策文件除了针对各个环节的指导意见以外，行动指南和专栏明显增多（服务型制造时期主要政策见表 7.4），如国务院出台的《国务院关于积极推进"互联网＋"行动的指导意见》《供应链创新与应用的指导意见》等。其中，工业和信息化部与发展改革委员会和中国工程院联合出台的《发展服务型制造专项行动指南》是一项重大指导性政策文件。该文件为了有效提升我国制造业的整体竞争力，提出增加服务要素在投入和产出中的比重，强化制造业从加工组装向"制造＋服务"转型。由此可见，服务型制造内涵和外延得到拓展，服务型制造概念已经深入人心。

表 7.4　服务型制造时期主要政策一览

发布时间	发布单位	文件名称	创新点
2015 年	国务院	国务院关于印发《中国制造 2025》的通知	制造强国"三步走"战略 提出创新能力、质量效益、两化融合、绿色发展四大目标
2015 年	国务院	国务院关于大力推进大众创业万众创新若干政策措施的意见	建设创业创新平台 发展创业服务
2015 年	国务院	国务院关于积极推进"互联网＋"行动的指导意见	十一项"互联网＋"重点任务

发布时间	发布单位	文件名称	创新点
2016 年	工业和信息化部、发展改革委员会、中国工程院	发展服务型制造专项行动指南	提出四大行动、五项专栏、十项重点任务
2017 年	国务院	国务院关于促进外资增长若干措施的通知	扩大市场准入范围 完善投资和营商环境
2017 年	国务院办公厅	国务院办公厅关于积极推进供应链创新与应用的指导意见	稳妥发展供应链金融 积极倡导绿色供应链 努力构建全球供应链

(2) 典型政策阐述

2015 年 5 月国务院印发了《中国制造 2025》行动纲领的通知，以解决我国制造业长期以来大而不强，与先进国家相比存在较大差距的重大问题。该纲领共分四部分，首先对国内外制造业格局进行分析，然后提出"三步走"战略目标，接着明确九个重点任务和五个专栏工程（见图 7.7），最后制定保障措施。《中国制造 2025》的颁布将我国服务型制造业发展推向了新的时代，为发展服务型制造指明了方向，其后多部委以此为基础发布了多个重要指导性政策文件。

《中国制造 2025》的规划是首先完善政策体系，为制造企业营造良好的市场环境；其次提升企业创新设计能力，加快发展研发设计业，促进工业设计从外观设计向高端综合设计服务转变；再次是加快发展信息技术和生产性服务业，提高对制造业转型升级的支撑能力；最后建立健全服务功能区与公共服务平台，发挥服务功能区与公共服务平台的创新载体和服务辐射功能。在这些措施的基础上，它还针对东中西部产业布局的差异性，鼓励东部发展生产服务基地，中西部发展特色生产性服务业。

《中国制造 2025》对推动中国制造业跨越发展并实现由大变强具有重要战略意义。它分析了服务型制造是全球制造业发展的必然趋势，明确了中国大力发展服务型制造、坚持走中国特色新型工业化道路、推动工业转型升级、建设"制造强国"的重要意义，并确立了之后数十年中国制造业分阶段发展的战略目标。但是《中国制造 2025》只是制造业规划的政策导向性文件，没有就具体服务型制造进行系统性分析和解读，后续工作开展还需各行业主管部门下达具体建设指南和指导意见。

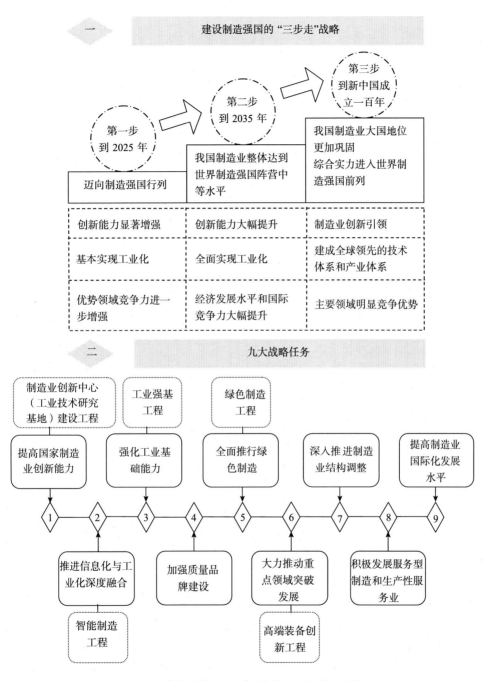

图 7.7 《中国制造 2025》战略目标和战略任务

2016 年 7 月，工业和信息化部、发展改革委员会和中国工程院联合制定了《发展服务型制造专项行动指南》（以下简称《行动指南》），这是《中国制造 2025》战略体系的一个重要组成部分。《行动指南》分为现实意义、总体要求、主要行动和支撑保障四部分内容，其目的在于引导制造和服务融合发展。《行动指南》提出了推广服务型制造的总体思路，设定了主要行动目标，分解出十项主要工作任务，设置了五个专栏，这些都是需要抓紧落实的具体工作和重点工程。

在现实意义和总体要求方面，《行动指南》将"市场主导，政府引导"作为第一原则，鼓励企业根据自身实际，在资源利用、生产组织、经营管理和商业模式等环节全面优化升级。《行动指南》首先将发展服务型制造作为引导制造企业转型升级的重要途径；其次深入分析各行业特点，总结提出对我国制造业企业转型有切实借鉴性和操作性的若干模式，供企业自行参考实施；再次坚持贴近实际、稳步推进，选取一些经过市场检验、发展相对成熟的模式进行推广，帮助企业找到可行路径；最后提出政府自身做好政策目标引导、营造良好生态、健全服务能力等基础工作。

同时，《行动指南》以价值链为主线，提出四项活动：设计服务提升行动属于价值链的前端，聚焦的是研发设计等环节；制造效能提升行动聚焦的是价值链中端的制造环节；客户价值提升行动是价值链后端环节，聚焦的是营销和售后；服务模式创新行动是一种发展趋势，旨在推动新服务、新模式涌现。根据这四大行动，《行动指南》提出了十项需要推进的工作任务来鼓励服务型制造模式。在支撑保障方面则提出多项措施，包括强化组织保障，健全政策体系、密切部门分工协作；强化政策引导，积极推动相关部门优化财政、税收、贷款、融资、土地、价格等政策；完善平台支撑，创建专业服务平台，发展综合服务平台；开展示范推广，学习国内外服务型制造发展新趋势、新模式，加大宣传力度；深化国际合作，建立面向全球的开放式制造服务网络；加快人才培养，建设"经营管理人才 + 专业技术人才 + 技能人才"的服务型制造人才发展体系。

《行动指南》是推动服务型制造发展的指导性文件，是实现制造业强国的必然选择，对我国服务型制造发展意义重大，同时它也是抢占价值链高端的有效途径，更是供给侧结构性改革的重要举措。《行动指南》将重点工作进一步细化，分解落实到各个部门，使接下来的各分管单位能够根据自身行业特点做出行动方案。

7.3 省级政策差异化分析

根据7.2节的有关内容，为了全面推广服务型制造发展，《行动指南》制定了"市场主导，政府引导""创新驱动，融合发展""立足行业，突出特色"和"示范引领，全面推进"四项基本原则来鼓励地方政府发挥组织和引导作用，根据各省市特点和优势行业的不同，制定适合执行的行动方案，推动当地大中小型企业发展服务型制造。

自《行动指南》推出以来，各省、自治区和直辖市政府纷纷响应国家政策，根据当地三次产业发展的实际情况制定并颁布了关于"制造业与服务业融合发展"有关的实施意见、专项计划及一系列涉及具体行动的方案和通知。部分省市还出台了鼓励本地支柱制造行业结合区域资源禀赋和地方支持发展服务业的政策措施，因地、因业自主实践并创新发展服务型制造模式，"裂变"专业优势，提供社会化和专业化服务。为揭示各地发展服务型制造的区域差异、政策制定的侧重点、政策实施后当地经济发展和产业结构调整等方面取得的效果，本节将就全国三十一个省、自治区、直辖市的服务型制造相关政策进行横向对比分析。

为了方便比较，我们根据国家调整的中国区域经济发展的布局，将全国三十一个省、自治区、直辖市分为东、中、西三个区域（见表7.5），以区域经济发展程度为基础，结合政策数量、政策发布时间、各地主要任务和各种保障措施等方面分别比较，再综合各方数据进行评价，以期能获取到省级行政区域对国家政策的响应积极性、细化程度、推广力度和政策实施效果等各地政策环境的信息。

表 7.5　中国经济区域划分

地区	省份
东部地区	北京、天津、河北、辽宁、上海、江苏、浙江、福建、山东、广东、广西、海南
中部地区	山西、内蒙古、吉林、黑龙江、安徽、江西、河南、湖北、湖南
西部地区	四川、重庆、贵州、云南、陕西、甘肃、宁夏、青海、新疆、西藏

7.3.1 省级政策重视程度比较

为了获知地方政府对服务型制造发展的重视程度，本小节首先对省级相关政策发布数量进行初步统计，以此来了解地方政策配套程度，判断全国各省市是否对"服务型制造"有实际的需求。然后通过综合比较政策发布的初始时间和数量两项指标，分析各地方政府对国家政策的响应积极性，由此大致了解该地区的政策推广力度，作为判断政策在当地实施效果的依据之一。由于国务院及各部委针对生产性服务的系列重要举措多在 2013 年之后发布，所以我们的政策发布时间统计以 2013 年以后为主。

（1）地方政策配套程度

截至 2018 年 12 月，全国三十一个省、自治区、直辖市均发布了与服务业发展相关的政策文件。先来比较三大区域政策平均数（见图 7.8），三个经济发展区域政策发布总数均超过 70 个。平均到各省份来看，东部地区平均每省份数量最多，平均每省份约 8.1 项；中部地区紧随其后，平均每省份 7.9 项；西部地区稍少，为 7.2 项。而同时期国家层面服务型制造相关的重要政策约为 11 项。由此可见，东部地区政策数量最多，政府发展服务型制造的决心坚定，力度较大。中部地区平均数量与东部相差不大，各省级政府正在稳步推行这种先进的制造模式。西部地区普遍工业制造业基础薄弱，但各省份政策平均数却紧随其他两个地区，说明政府对发展服务业态度非常积极，未来应该会有很大的上升空间。

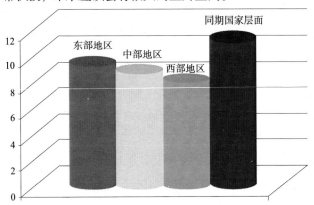

图 7.8　东、中、西部经济发展区域内省市政策平均数量

再来对比一下区域内部各省区市的政策数量（见表7.6）。东部地区有十二个省份，其中福建、上海、浙江等地发布地方政策数量较多；中部地区九个省份中，吉林、河南、湖北和安徽数量靠前；而西部十个省份中甘肃、云南和四川位居前列。从表中可以看出，政策数量集中的地区是东中部的东北老工业基地和长江流域经济带，各省份政策数量均在十个左右。另外，明确以"生产性服务"为标题出台政策和规划的省份共有24个，其余七省份可能由于传统工业在当地不太发达等原因，增加服务业产值以发展旅游商贸会展为主，所以将"生产性服务业"纳入"现代服务业"的一个区块进行规划。

表7.6　省市政策数量对比（发布服务型制造行动方案的省市标记★）

东部地区	政策数量	中部地区	政策数量	西部地区	政策数量
北京	3	山西	7	四川★	8
天津	6	内蒙古	6	重庆★	7
河北	7	吉林★	11	贵州	8
辽宁★	10	黑龙江	7	云南★	10
上海	15	安徽★	9	陕西	7
江苏★	9	江西★	7	甘肃★	11
浙江	11	河南★	11	宁夏	6
福建★	12	湖北★	9	青海	8
山东	7	湖南	4	新疆	6
广东	8			西藏	1
广西	6				
海南	4				

最后简要阐述的是围绕《中国制造2025》和《发展服务型制造专项行动方案》发布了"服务型制造专项行动方案"的十二个省级行政区的区域分布情况。这些省市已在表7.6中用星号标注。其中，东部地区三个省份，占全区四分之一；中部地区则有五个省份，占全区一半以上；西部四个省份约占全区四成。这又一次充分说明了中部和西部响应服务型制造行动的态度积极，地方政府对国家制定的制造业发展方向非常重视。因此，未来在这两个区域可能产

生更多的服务型制造行动方案等相关政策。

（2）省级行政区响应力度比较

统计 2013 年以后各省级行政区以"生产与服务融合"为主要内容制定的相关政策的最早发布时间，与前文的政策数量数据结合进行制图（见图 7.9）。该图横轴为该省政策数量，纵轴为该省最早政策发布时间，东、中、西部省份用三种不同图案的气泡加以区别。

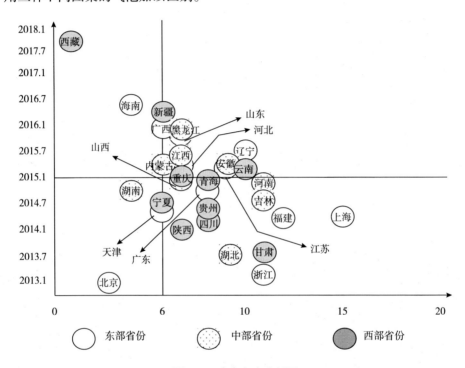

图 7.9　响应力度分析图

从最早发布时间看，东、中、西部相差不大，时间多集中在 2014～2015 年。西部区域内部发展较不均衡，各省初始时间差别较大，如甘肃省 2014 年之前已经开始出台相关政策并有所行动，而西藏则是在近两年才开始关注发展生产性服务业。中部地区除湖北和黑龙江外，其余七个省份的首次发文时间集中在同一年内，侧面说明中部地区各省制造业发展水平较为均衡，且对工业转型升级和扩大生产性服务的需求是相似的。东部地区响应时间并不集中，且经济相对发达的省份普遍响应较早，说明东部经济发达地区一直在关注工业转型升级，服务型制造业较其他地区起步更早，服务型制造观念早已潜移默化进入工业生产。

　　除此之外，我们还分析了前文中十二个省份"服务型制造实施方案"的推出时间。其中，率先响应地区为东部沿海地区，江苏省在《中国制造2025》颁布两个月后就制定了推进服务型制造的工作方案。紧随其后的是中部地区的吉林省和东部地区的辽宁省，均在工业和信息化部的《发展服务型制造专项行动指南》颁布的两个月内就推出了专项实施方案，响应速度可见一斑。这也说明以制造业为支柱产业的省份对国家此类政策更加关注，能够及时反应，紧跟政策导向。

　　根据图7.9各省分布的情况，可以将全国划分为四个区域：政策数量轴分为0~6和7~20两个区域；发布时间轴分为2014年12月31日以前和2015年1月1日以后两个区域，据此制成表7.7。由表7.7可知，东部四个省份、中部四个省份和西部五个省份，政策数量多，反应时间早，可以说是政策响应的"先进地区"。这些地区约占全国省级行政区数量的四成，说明省级行政区对国家政策广泛响应，积极性很高。而东部地区的海南、广西，中部地区的内蒙古和西部地区的新疆、西藏则政策推出时间较晚，且政策文件数量较少，相对比较"落后"。此外，全国约三分之一的省份集中在"时间晚、数量多"区域内，说明这些地区启动速度虽慢，但政策制定者思虑周密，短期出台了多项措施，可能形成了长期完整的布局。

表 7.7　政策响应力度综合划分表

区域特征描述	区域省份名称
时间早，数量多	东部：上海、福建、浙江、广东 中部：吉林、湖北、河南、山西 西部：四川、贵州、陕西、甘肃、青海
时间早，数量少	东部：北京、天津 中部：湖南 西部：宁夏
时间晚，数量多	东部：江苏、辽宁、山东、河北 中部：黑龙江、江西、安徽 西部：重庆、云南
时间晚，数量少	东部：海南、广西 中部：内蒙古 西部：新疆、西藏

政策响应先进地区主要集中在工业制造业实力较强的省份，这些地区传统制造业历史悠久，但多已进入发展"瓶颈期"，急需通过引入新的制造模式为本地工业重新注入活力，以利于地区经济发展。落后地区则主要集中在传统工业力量单薄，制造业发展缓慢的偏远省份，这些省份地区生产总值构成多以农业为主，服务业发展方向也以促进商贸和生活性服务业为主，所以对服务型制造的关注度不高。当然也不排除部分省份创新意识不强，对国内外发展趋势不敏感，亦可能是经济转型偏向非生产性经济。

根据综合分析，我们可以得出初步结论，即经济发达的东部地区和正处于经济崛起进程的广大中部省份和西部省份，近年来都普遍关注"服务型制造"等先进生产模式的发展方向。如果地方政府能够出台具体行动方案，提出有效措施，建立保障机制，合理统筹安排，对推进服务型制造是十分有利的。所以地方政府应该对基层工作加强政策指导和具体措施扶持，促进生产型制造向服务型制造转变，以实现本地区制造业和服务业协同融合，推动工业化发展的战略进程。

7.3.2　省级政策内容比较

省级政策文件在内容上主要由指导思想与基本原则、发展目标、主要任务或重点领域及保障措施等四个部分构筑而成。其中，山西、江西、甘肃和贵州在此基础上增加了空间布局，根据本省份的资源分布状况规划出与之相匹配的生产性服务产业带。吉林省则增加了发展导向一栏，表现出对产业转型升级引导工作的重视。将主要任务细化归类的北京市，将其分成优化产业结构、调整产业布局、产业提质增效、搭建共性服务平台四大类。在文件结构上唯一有所不同的是广东省，主要内容只包含主要任务和保障措施，并将主要任务分为四部分：做强先进制造业产业链"微笑曲线"两端、推动制造企业服务化、加快建设面向先进制造业的公共服务平台、打造生产性服务业集群化集聚化发展载体。文件的内容中发展目标已与主要任务融合。

由于省级文件都是围绕国家政策展开，在指导思想与基本原则部分，全国各地基本一致，在此不纳入比较。在发展目标方面，经过专家计算论证后，各省份都依据本地经济和生产性服务业发展的具体情况，提出了 3～5 年内的阶段目标。这些目标主要包括生产性服务业占地区生产总值的比重提升、试点示范园区（企业）建设、集聚区和服务平台建设三个方面，指标设定较为合理。此外，贵州省还加入了重点产业突破和品牌形象建设等目标。由于各省份目标种类基本相同，因此也不做比较。

本小节主要就各省份政策内容中的主要任务和保障措施进行对比分析。在主要任务比较环节，我们沿用了国家层面提到的中国服务型制造相关政策发展历程阶段划分，通过比较各省主要任务是否完善，了解地方政策的细化程度。由于服务经济阶段时间久远，政策文件多已失效，因此本小节侧重分析生产性服务和服务型制造两个阶段的主要任务。而在下面的保障措施比较环节，根据国内学者的研究成果，把政策保障措施分为财税保障措施、人才与科技创新、软环境与硬环境支撑措施三大类，其中软环境与硬环境支撑措施涉及载体建设、平台建设与开放合作等方面。通过分析保障措施的数量和侧重，可以大致了解各地服务型制造政策推广力度。

（1）主要任务比较

生产性服务方面，据统计，全国三十一个省级行政区中，有二十四个省份以"生产性服务"为主题发布了政策指导文件，只有广西、海南、湖北、江西、黑龙江、宁夏和西藏七个省份尚未检索到此主题文件。在这二十四个省份中，分布于东西两地的上海、甘肃、四川、福建、山东和重庆六地就此主题检出文件数量多于两份，前三个省份甚至超过五份。而缺少指导文件的七个省份中，湖北和江西在服务业发展规划中单独开辟"生产性服务"模块，关注度很高。综上所述，本小节将包括了湖北和江西的二十六个省级行政区作为主要任务环节的比较对象，其余五个省份则均匀散落于东中西三处。究其原因，黑龙江、广西和宁夏可能局限于本土意识落后、工业基础薄弱等因素，以发展商业和居民生活性服务为主，生产性服务业占省份内服务业构成比重偏低。经济发展焦点集中于旅游业的海南省，则致力于创建以现代服务业为主导的服务业产业体系，生产性服务不是关注重点。受制于恶劣自然条件的西藏实体经济力量十分有限，现今仍以治边稳藏、强边固边为主要任务，暂未有明确发展生产性服务的政策出台。

首先我们聚焦国家共同任务，即对《指导意见》提出的十二项主要任务（见图7.10）进行比较。统计表明，多数省份的政策文件都将这些任务全部涵盖，只有少数几省份有 1 ~ 2 项缺失。其中东部的山东缺少"服务外包"任务，可能因为山东省早在 2009 年便已发布过生产性服务政策，重点关注了物流业务外包、信息技术外包和商务流程外包等服务外包业务；流动人口第一大省广东的外来人口规模极大，却没有提及"人力资源服务"一项，主要是当地高层次高技能人才不足，对创新人才需求量大，所以将该任务归于创新平台建设中。反观中部地区，安徽、江西和湖北主要任务都缺少了"售后服务"，是因为三省增加了金融服务业，把融资租赁和售后服务等服务业发展的新动能融入了其他相关领域。西部地区云南省在生产性服务的任务规划中没有出现"人力资源服务"和"品牌建设"，规划重点也从其他省份的围绕生产环节开展服务业转向围绕基础建设和开放合作环节，这可能也是云南省考虑到自身制造业实力偏弱而地域优势明显而做出的选择，随后在省政府发布的《关于贯彻〈中国制造 2025〉的实施意见》中已将这些遗漏项目补充入"制造业服务化工程"重要事务。

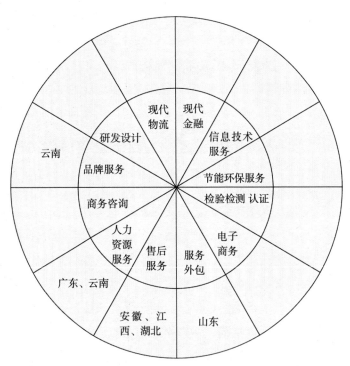

图 7.10　生产性服务主要任务和任务缺失省份一览

　　接下来统计除国家共同任务之外，多数省份还参与了哪些任务。统计表明，"供应链管理""会展服务"和"知识产权服务"是覆盖区域较广的三项任务。其中"供应链管理"响应最多，东中西地区共有70%的省份就这项任务单独发文，充分说明全国各地对加速发展现代生产方式与现代流通方式表现了极大兴趣。"会展服务"覆盖范围紧随其后，得到了东西两地区的重点关注。北京、天津、河北、浙江、福建、河南、四川、贵州和陕西九个省份都有"会展服务"的主要任务，连生产性服务欠发达区的广西和海南也有此项计划。分析原因，众所周知京津冀地区是我国文化交流中心，陕西作为丝绸之路起点，政治文化方面占据上风；浙江、福建、广西、海南都是近海省份，可依托区位优势；贵州省生态产业资源丰富，中原大省河南产业基础雄厚，四川省培育有西部国际博览会、汽车展等一批综合和专业性知名展会，三省凭借的是市场、资源和产业上的良好资源。"知识产权和科技成果转化"也被以东部为主的诸多省份极为看重。东部超过三分之二的省份和中西部江西、河南、湖北、四川和云南等省份或推出此项任务，或将知识产权管理并入研发设计。需要说明的是，上述中西部省份都在后续发布了"服务型制造行动方案"，是生产性服务和服务型制造的积极响应地区。显然，拥有先进思想的地方政企已开始意识到知识经济时代科技创新和知识产权保护对产业发展的重要意义。

　　最后进行归纳整理的是各省份的"小众"或特有任务。由于各区域经济发展水平不均衡，长处和短板也有所差异，个别地区为适应发展，还拓展了诸如"服务标准化""农村生产性服务"和"中介服务"等任务。"服务标准化"力求将生产性服务高端价值延伸，执行省份有北京、江苏和山东，基本集中在新兴服务领域发展迅速、竞争激烈的东部发达地区。而偏重于发展"农村生产性服务"的山东、海南、内蒙古、湖南、黑龙江和西藏长期是我国农牧大省份，农业在地区生产总值中的比重很高。以法律服务、资产管理服务、经济鉴证类服务、咨询服务、工业设计、广告宣传为代表的"中介服务"实施意见出台较早的上海、广西、四川和甘肃几省份都曾经将它纳入主要任务，而近几年少有提及。这是因为国家政策将任务重新分类细化，各项中介服务已融合进其他任务范畴。值得一提的是，山东省的任务栏加入了创意产业，鼓励企业利用城区老厂房、旧厂区改造及成片开发形成创意产业集聚区，利用科技的支撑和市场化运作。这是生产性服务业的一个发展亮点。

服务型制造方面，将7.3.1节所述已发布行动方案的十二个省份作为比较对象，即东部辽宁、江苏、福建；中部吉林、安徽、江西、河南和湖北；西部四川、重庆、云南和甘肃。接下来先汇总全国共同任务。《行动指南》发布的十项任务中（见图7.11），"创新设计服务""定制化服务""服务外包""供应链管理""网络化协同""全生命周期管理""金融支持"和"系统解决方案"八项由于参与省份较多，可以作为全国共同任务。经过比对，全国共同任务在除福建和江苏以外的十个省份中广泛开展。而作为东部服务型制造行动较早省份，福建和江苏重点任务中没有包含"服务外包""网络化协同"等内容，而是力主将工作重心由生产制造环节逐渐偏向服务环节，加大对省内制造业中的服务环节投入，旨在塑造服务型制造典型企业。另外，《行动指南》还将"系统解决方案"细分为"总集成总承包"和"合同能源管理"，各地区按照产业特点自行规划，因此在支柱产业非能源、原材料工业的江苏、重庆可能未将合同能源管理作为重点任务，而在装备制造业或金融支持较薄弱的吉林地区可能不会重点扶持总集成总承包项目。

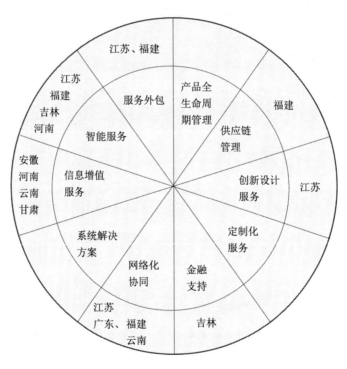

图7.11　服务型制造重点任务和任务缺失省份一览

接下来详述的是"信息增值服务""智能服务"及个别地区自行展开的"社会化专业化服务"等非共同任务的分布情况。"信息增值服务"是东部参比地区共同任务，且有两省份侧重于"在线支持与诊断服务"项目，而中西部只有近年来加速推动装备制造业的重庆拓展了在线支持。形成这种局面是因为对于中西部省份来说，信息增值等新的服务模式尚处于探索阶段，但这只是暂时缺失，信息增值服务在市场竞争上优势显著，会在将来成为企业服务型制造转型的重要模式。"智能服务"则正好相反，在除吉林和河南以外的中西部省份和东部辽宁地区均有提及，叙述却较笼统，这既说明发展智能制造理念逐步深入人心，却也再次说明江苏和福建进行的阶段主要任务规划方式更富有理性。此外，"社会化专业化服务"等与各区服务型制造发展都密切相关的重点任务也得到江苏、福建、吉林、湖北、四川和重庆等省份重视，它们在东中西三个地区零散分布，意在通过延伸服务链条使企业由提供产品转变为提供产品和服务。需要特别指出的是，只有福建省发布了培育制造业共享经济任务，鼓励制造企业充分利用信息通信技术，推动生产和消费、制造和服务、产业链企业之间全面融合，以此推动新服务、新模式、新业态，这也是制造企业转型的有效模式。

（2）财税保障措施

财税保障措施可以分为税收措施、市场措施和财政措施等，在各类保障措施中形式最为多样。在总览全国财税保障措施后，发现东中西三大地区形式略有差异。其中，东部沿海经济发达，地方政府行政资金较为宽裕，财税措施是核心保障。同样，作为国家重点扶持的西部地区，省级财政资金也重点投入建设服务型制造业。因此，东西部地区财税措施相对形式多样，内容新颖，且投入力度较大。相较之下，中部地区财税措施数量略少，在其他方面的保障上表现更佳，这可能与地区经济实力和国家支持力度有关。

多样性和新颖性方面，先将焦点集中在东部地区财税措施的多样性和新颖性上。除税收减免、融资担保、资金奖励、价格落实、土地供给五种常见财税支持形式以外，东部地区制定了更为全面和主动的成本降低措施。如江苏省的给予资金支持、加大力度实施服务型制造重点项目培育计划，再如福建省在省级工业和信息化发展资金中设立服务型制造专项，并补助制造企业对生产线投资进行智能软硬件及相关设备的服务化改造。广东资金雄厚，超过九成措施有关于财税，内容尤为新颖。除了上面提到的常见形式外，还设置了奖励落实完善首台（套）重大技术装备、全面清理生产性服务业各项收费等一系列举措。为引导社会资本创设生产性服务业各类投资基金，广东省还设立广东工业2025 产业引导基金，并建立生产性服务企业专项信贷风险补偿资金池等保障机制，确保政策措施落地。

接下来聚焦西部地区财税相关措施的制定情况。重庆是西部发展的代表性地区，订立了政府向社会力量购买服务，支持冷链仓储、云计算等大型能耗企业申请与发电企业直接交易用电试点等多种类政策措施。甘肃也有收费限制的规定，未列入国家和省行政事业性收费目录的，一律不得对生产性服务企业收费，凡收费标准有上、下限幅度规定的，一律按下限收取。青海财税措施尤为多样，包括贷款贴息、后补助、股权投资、信贷风险防范、清理不合理收费等10 多种。另外，还有宁夏设计的落实研发费用税前加计扣除政策，是一种鼓励研发投入的税收优惠。综上所述，中西部地区省级财税措施形式可谓非常丰富。

财税投入力度方面，除了财税措施多样性和新颖性外，投入力度也是判断地方财税措施是否有效的指标。同样，东部多地对服务型制造的资金投入规模较大。如上海市在 2018 年末出台《上海市生产性服务业和服务型制造发展专项支持实施细则》，对制造业与服务业融合的关键环节提供专项资金无偿资助、政府购买服务等重点支持。无偿资助支持额度不超过该项目经核定的合同金额或投资金额的 30%。单个重点项目资助金额不超过 500 万元；一般项目资助金额不超过 300 万元。广东生产性服务企业自用首次购买具有自主知识产权的研发设计、检验检测等大型先进技术装备，按首次购买实际财产类保费支出总额的 80% 予以奖补，奖补总额最多不超过 1000 万元。

西部经济实力较强的省份表现也很积极，力图大幅降低制造成本。如四川省作为西北大开发的中心区域，除了设立各级服务型制造专项基金外，还推出探索推动服务化收入占比超过 40% 的服务型制造企业能享受西部大开发的优惠政策的措施，并创新财政资金支持方式，逐步提高"事后奖补"比例，提高财政资金使用绩效。同样，云南也有类似的西部政策扶持。甘肃则规定了

"对经批准设立的融资性担保机构，按照国家规定标准收取的中小企业信用担保业务收入三年内免征营业税"的税收扶持。宁夏的服务业资金奖励项目繁多，投入力度很大，分别在金融、物流、信息服务、电子商务、产业集聚区、品牌和标准化建设上都有不同额度的资金奖励。可以说，无论在多样性和新颖性上，还是在投入力度上，东部和西部都发挥出了自身所长，不遗余力为企业提供财税保障。

（3）人才与科技创新

人才政策即有关于人力资源和智力保障的政策措施，主要包含了人才培养、科技创新和知识产权等内容，是经济建设的第一生产力。近年来，随着法律法规的健全和产业发展形势的变化，各地对创新创业和知识产权愈加重视，对专业人才的需求量也有大幅提升。在此，我们将以人才和创新两个角度分析东中西三个地区的人才政策。

人才培养方面，东中西各省份近年在人才引进竞争上十分激烈，各地不断完善地方人力资源保障体系，创立人才培育工程。以福建、辽宁、湖北、江西等为首的东中部地区还将"经营管理人才 + 专业技术人才 + 技能人才"作为标准建设服务型制造人才发展体系。东部地区人才引进工作一直保持着传统优势，落户、住房、社保、子女教育等各种配套政策对各类人才吸引力较高。北京市有引进成熟人才直接落户，支持中关村人才管理改革试验区中中央单位落实科技人才兼职兼薪、股权激励等政策。此外，还有广东深圳首创量化积分申办人才引进入户制度，河北鼓励各类科技人员保留原有身份和职称离岗创业政策，江苏设立人才专项资金和浙江的名校优生引才计划等多种人才引进措施。

此外，人才培养工作在中部省份进行得更为出色。河南省和安徽省为了提供服务型制造智力支持，都推出有针对性的人才培训措施，其中包含整合汇集服务型制造专家资源，建立服务型制造专家库，形成全省服务型制造政策咨询、行业诊断、人才培训的智囊团等诸多内容。同时两省还支持有关科研单位、高校与企业建立线上线下相结合的培训平台，开展人才培训、在线咨询等服务，多层次建设服务型制造人才队伍。黑龙江在培养造就创新型企业家方面，制定了"龙江千名企业家培育计划"，内容包括建立企业家人才库，从国内外知名高校和培训机构中遴选一批新型企业家培训基地，重点培养高新技术企业和高成长性企业负责人。还有合理增加国有企业经营管理人才市场化选聘比例，探索建立职业经理人制度，并为之制定了配套的薪酬管理、绩效考核、股权设置等激励政策。为了推广农村生产性服务，每年选送农村实用人才到省内高校、科研院所、农村实用人才培训基地免费学习培训。高校众多的湖北，更擅于运用本地资源，建立"荆楚卓越人才"协同育人机制，引导行业、企业和用人单位全程参与高校人才培养。

与此同时，开放程度高的地区还特别关注对国际高端人才的引进。上海对经该市人才主管部门认定的外籍高层次人才、上海科技创新职业清单所属单位聘雇并担保的行业高级人才，取消工作居留年龄限制，或可申请在华永久居留。经"双自"地区（中国（上海）自由贸易试验区和上海张江国家自主创新示范区）推荐的外籍高层次人才，也可申请在华永久居留。此外还允许高层次人才在抵达口岸后申请 R 字签证，入境后按照规定办理居留许可。对在上海学习和工作的外国留学生，也有就业工作类优惠政策。广东则加快了粤港澳人才合作示范区建设，依托"珠江人才计划""广东特支计划"等优秀人才计划项目，加大国际高端人才引进和培养力度；实施"粤海智桥资助计划"，拓宽引智渠道，充分发挥市场主体在引进国外人才和智力中的作用，对成功引进海外高层次人才和智力的机构或有功人员给予奖励。充分运用互联网等技术突破地域障碍、降低智力成本，以平台运营、项目合作、任务承揽等灵活形式整合利用国内外人才资源，并落实高端人才安家落户、出入境签证、个人所得税优惠等政策。天津零首付零房租鼓励海外高层次人才就业。湖北建立全球产业领军人才信息库和搜索引擎，建立产业领军人才认定制度，海外人才享受医疗费报销95%。山西也有资金扶持海归创业等计划。

科技创新与知识产权方面，科技创新对经济发展的重要程度众所周知，各地对科技创新的重视不分伯仲。东部北京市作为科技创新中心城市，将创新人才服务平台作为建设重点，加快建设中关村硅谷创新中心、芬华北京创新中心、中以技术合作转移中心等境外技术转移和人才开发平台。中部的吉林省加强科技创新力度，将成果转让净收入的 70% 奖励给完成人。黑龙江也有"龙江科技英才"特殊支持计划，每两年评选一次，每次评选 60 人，省财政一次性给予每名入选者 50 万元资助。西部甘肃的科技创新保障措施尤其多样。首先依托中科院、兰州大学等科研院所、高校和大企业的研究开发能力和技术辐射能力，加快完善国家工程实验室，开展前沿技术和军民两用技术研究；其次组建甘肃服务型制造研究院，围绕产业发展、基础理论、核心技术、共性关键技术、前瞻性技术、人才培养、标准制定和交叉学科的集成创新等具体环节，重点开展产业应用技术的研发、转化和服务，填补上游基础研究和下游企业产品生产之间创新链的空白；最后还有省部级重点实验室的提升改造工程，培育若干国内一流科研机构，建设一批高水平的研究基地和优势学科，逐步形成特色鲜明的知识创新体系。

另外，各地对知识产权工作的认识愈加深刻，特别在是保护和执法领域。如东部天津市主张加强对企业专利工作的指导和支持，将符合条件的生产性服务企业纳入专利试点工作和贯彻知识产权管理规范标准范围。发展专利检索、分析，数据加工等服务，建立专利信息传播利用体系和专利信息检索分析服务平台，扩大专利基础信息资源共享范围，同时加大侵权打击力度。山东省也提出完善知识产权保护政策法规体系和提高知识产权行政执法能力两项重要内容。中部的吉林专门设立了专利授权补助资金。西北地区新疆力主扩大知识产权基础信息资源共享范围，促进知识产权协同创新，同时也加强知识产权执法的措施，加大对侵犯知识产权和制售假冒伪劣商品的打击力度，维护市场秩序，以激励人们的创新积极性。

（4）软环境与硬环境支撑措施

本小节开始已将载体建设、平台建设与开放合作等主要涉及政策法规确立、基础设施建设和政府管理服务范畴的保障措施统一归为软、硬环境支撑措施。这是全国所有省份发展生产性服务和服务型制造的重要保障。这里从载体建设、平台建设与开放合作两方入手，细数三大地区的环境保障措施。

载体建设方面，将集聚区建设、基础设施建设、品牌建设、示范试点建设、项目建设等统称为载体建设。全国超半数省份都规划了集聚区、功能示范区与示范企业建设项目，且并未在区位上发现有何关联特征。辽宁省文件明确提出基础设施建设，建议加强信息和改造等基础设施建设，吉林省也有计划进行双创孵化基地、产业基地、数据中心、市场、通信基础等多项基础建设。重庆市则特地强调了生产性服务业公共基础设施建设。此外，上海、黑龙江、湖南、四川、宁夏等地还有鼓励服务品牌建设，形成品牌效应等措施。

在各省份示范试点建设政策中，山东省的试点建设政策较为详细，有策划选择十户生产性服务企业进行创新发展试点的措施，也有探索二、三产业融合发展方式、促进产业结构调整和经济发展方式转变等措施。项目建设管理方面比较突出的福建省，重点支持现代服务业重大项目库建设，跟进实施一批引领功能强、推动作用大的项目建设，由国家和省级资金支持管理。另一项目建设突出省份——四川，深化了建立项目建设源头控制机制，将分离工作置于新办企业之初。对于招商引资和重大项目建设，在论证或筹建期间主动跟进宣传，在项目建设前期落实分离工作等措施。

平台建设与开放合作方面，涉及行业标准化及服务平台建设、统计监督体系健全、引进外资和对外交流合作等多方面内容。开放合作政策还可以细分为市场准入、对外合作、外资引进等具体内容。围绕优势制造行业和新兴制造行业打造的推动服务型制造发展的政策体系、组织监管、开放准入和监督统计等一系列政府完成的引导服务措施在所有地区政策文件中频繁出现，在此不加赘述。

在标准化制定和服务平台建设上所有地区全面开花，各有特色。东部代表性的有北京的知识产权服务平台、技术推广服务平台、标准化应用服务平台、展览展示交易服务平台、人力资源服务平台等多个公共服务平台。还有辽宁的国际合作多层次服务型制造交流合作平台项目等。江苏省则致力于培育状态系统解决方案供应商，计划建设100家本土化品牌化智能制造领军服务机构。中部地区湖北省"标准化＋"工程坚持标准引领提升，增强服务产品质量和市场竞争力，建设有"中国光谷国家技术标准创新基地"。吉林和黑龙江也有公共服务平台、人工智能创新平台、工程技术研究中心和重点实验室等多项平台建设举措。

西部发展卓越的甘肃优化整合了各类科技资源，集中建设以大型仪器设备、科技信息情报、知识产权、智力资源、技术融资、产业孵化、技术转移等为主体的科技应用服务基础平台；同时深化知识产权综合信息服务平台服务功能，进一步提高技术成果，推动工程技术平台建设，从而全面提高了科技成果的工程化、系列化和配套化水平。青海还筹划有软件平台、资源信息库、公共测试平台等。系统构建尤为精良的重庆市细化出市场诚信体系、标准体系及公共服务平台等各类建设工程，即四大平台建设工程、四大能力提升工程、四大专业服务扶持工程、三大示范引领工程。此外，宁夏等地也有提及建立完善服务标准体系等内容。综合分析以上内容，可以认为这是国家重点投入资金扶持西部大开发及振兴东北老工业基地等政策产生的结果。

7.3.3　省级政策综合评价

为了使省级政策质量更加清晰、直观地体现出来，本小节将构建一个全国省级生产性服务和服务型制造政策效果评价体系，以便综合分析判断政策在全国各省份的实施效果，后期有针对性地提出利于各省份发展的政策建议，相关评价结果有很高的参考价值，意义深远。

（1）指标体系架构

通过前文关于政策的各方比较结果的汇总，选定四个维度作为这套评价体系的一级指标，它们分别是各省对政策重视程度、财税保障措施、人才与科技创新措施和软环境硬环境建设。同时根据指标体系的系统性、数据来源可靠性、数据可比性等原则，在每个一级指标中确立了四个具体指标，共十六个二级指标及制造业发展速度作为最终评价的数据依据（见表7.8）。

表7.8　我国服务型制造省级政策评价体系

一级指标	二级指标	具体指标	数据来源
政策重视程度	地方政策配套程度	分地区重要政策数量	7.3.1 数据统计
	地方政策反应速度	分地区最早政策出现时间	7.3.1 数据统计
	生产性服务任务完善度	该省生产性服务任务是否与国家契合，是否有新加任务	7.3.2 数据统计
	服务型制造任务完善度	该省是否有服务型制造任务	7.3.2 数据统计
财税保障措施	政策形式多样性	在"税收减免、资金奖励、融资担保、价格落实、土地供给"五种常见政策以外，是否有新种类财税措施；或该省财政投入较少，种类不足	7.3.2 数据统计
	财政扶持力度	制造业固定资产投资占比	中国统计年鉴
	用能成本	各省工商业平均电价	北极星储能网
	用地成本	省会工业用地平均价格	中国地价监测网

续表

一级指标	二级指标	具体指标	数据来源
人才与科技创新措施	人才培养投入力度	省财政教育支出占总支出百分比	中国统计年鉴
	受教育程度	该省高等学历教育人群在受教育人群的百分比	中国统计年鉴
	科技创新扶持力度	各省 R&D 人员全时当量年增长率	中国统计年鉴
	知识产权关注度	专利申请受理量年增长率	中国统计年鉴
软环境硬环境建设	平台建设	各省上榜国家级示范平台数量	示范平台名单
	开放合作程度	外商投资年增长率	中国统计年鉴
	通信设施发展水平（载体建设）	互联网宽带接入用户年增长率	中国统计年鉴
	经济发展程度	分地区生产总值年增长率	中国统计年鉴
	制造业发展速度	该省工业（制造业）企业年增长率	中国统计年鉴

维度一为各省对政策重视程度，对制造企业来说，良好的政策环境十分重要，分为地方政策配套程度、地方政策反应速度、生产性服务任务完善度和服务型制造任务完善度四个二级指标。近年来，各地纷纷响应国家号召，发布改革创新政策，优化服务环境。维度二为财税保障措施，财税保障分为增加投入力度和降低生产成本两个类别，具体有政策形式多样性、财税扶持力度、用地成本和用能成本。这些措施的部署能够缓解各地陷入经营困境的制造业企业的经济状况，有效助推企业转型升级和可持续发展。维度三为人才与科技创新措施，分成人才培养投入力度、受教育程度、科技创新扶持力度和知识产权关注度四项。人才是产业发展的根本，是驱动创新发展的核心。随着各地制造业转型升级的步伐加快，对人才资源的需求将会进一步增强。维度四为软环境硬环境建设，包括平台建设、开放合作程度、通信设施发展水平（载体建设）和经济发展速度。推动服务型制造是一个长期系统的工作，既要在思想观念和开放程度等软环境有所突破，又要重视基础设施等硬环境建设。这些都是制造企业发展的重要因素。此外，还包括了制造业发展速度这一评价指标。

（2）各省份维度排名

在维度一（见表7.9）政策重视程度环节，超过70分的五个省份全部来自中西部地区。这可能说明中西部省份的地方政府本身已经对当地制造业的现状有了清晰认识，也明确制造业服务化是企业转型、摆脱困境的有效途径；还可能是因为中西部地区发展较为依赖国家政策的帮扶，政府对国家政策导向比较敏感，跟随非常紧密，因此政策环境较好，各省份对服务型制造的推动均给予了很高的关注。

表 7.9 政策重视程度排名

排名	所属地区	省份名称	分值
1	西部	四川	90.9
2	中部	湖北	79.0
3	西部	甘肃	76.7
4	中部	吉林	73.5
5	中部	江西	73.0
6	东部	福建	69.2
7	中部	河南	69.1
8	东部	辽宁	66.7
9	东部	江苏	65.9
10	西部	重庆	65.7
11	西部	云南	62.9
12	中部	内蒙古	60.0
13	东部	浙江	57.5
14	东部	上海	53.7
15	中部	安徽	53.3
16	东部	北京市	53.3
17	西部	陕西	53.0
18	中部	湖南	49.5
19	西部	贵州	49.4
20	西部	青海	47.7
21	东部	广西	47.5
22	东部	山东	46.1
23	东部	河北	43.9

排名	所属地区	份名称	分值
24	中部	山西	43.5
25	中部	黑龙江	41.8
26	东部	广东	40.6
27	东部	海南	38.7
28	西部	宁夏	36.3
29	东部	天津	35.8
30	西部	新疆	24.4
31	西部	西藏	15.0

在维度二（见表7.10）财税支持方面，东部沿海地区表现优秀，前十名中占据半数席位，其他地区与其存在较大差距。明显的，这个结果再一次说明了东部发达地区在全国范围的经济实力不容小觑，地方政府普遍财政较为宽裕，因此在有关财税支持的政策方面力度很大。而吉林上榜可能是由于东北老工业基地振兴，国家给予扶持的原因。

表7.10　财税保障措施排名

排名	所属地区	省份名称	分值
1	中部	吉林	89.7
2	东部	江苏	86.4
3	西部	青海	81.2
4	东部	山东	75.0
5	东部	福建	74.0
6	中部	河南	73.0
7	中部	安徽	72.5
8	东部	河北	70.7
9	东部	广东	70.4
10	西部	重庆	67.9
11	西部	四川	64.5
12	东部	浙江	63.5
13	中部	江西	62.2
14	东部	天津	62.1

排名	所属地区	省份名称	分值
15	西部	宁夏	61.4
16	东部	辽宁	61.2
17	西部	贵州	60.4
18	中部	内蒙古	60.3
19	中部	湖北	60.1
20	中部	黑龙江	60.0
21	东部	上海	59.6
22	中部	湖南	56.5
23	东部	广西	56.0
24	西部	云南	53.5
25	西部	新疆	52.0
26	东部	海南	46.5
27	西部	陕西	46.1
28	西部	甘肃	46.0
29	中部	山西	42.0
30	西部	西藏	30.0
31	东部	北京	29.1

在维度三（见表7.11）的人才引进培养与创新措施上，中西部地区省份普遍排名靠前，东部地区稍逊一筹，但也不甘落后。这种现象说明人才集聚的主要区域还是东南沿海，而且东部省份地方政府的人才意识较强，人才政策较好。而中西部的政策力度强，也侧面说明了该地区对人才的吸引力稍显不足，因此制定了丰富的人才引进和培养措施，以增加人才流入和汇集。

表7.11　人才与科技创新措施排名

排名	所属地区	省份名称	分值
1	中部	江西	84.3
2	西部	贵州	82.5
3	西部	云南	71.3
4	东部	广东	71.3
5	东部	北京	69.7

续表

排名	所属地区	省份名称	分值
6	东部	福建	69.5
7	西部	四川	66.5
8	中部	山西	64.1
9	东部	浙江	64.0
10	中部	河南	63.9
11	东部	河北	63.0
12	中部	湖北	62.8
13	东部	江苏	62.4
14	中部	湖南	61.6
15	东部	山东	60.7
16	西部	陕西	60.6
17	西部	甘肃	60.6
18	中部	安徽	58.3
19	东部	广西	56.1
20	西部	宁夏	54.9
21	东部	上海	54.6
22	西部	重庆	51.7
23	中部	吉林	50.0
24	西部	青海	49.9
25	西部	新疆	49.6
26	东部	辽宁	48.6
27	东部	天津	43.0
28	中部	内蒙古	42.5
29	东部	海南	41.8
30	西部	西藏	35.8
31	中部	黑龙江	28.7

　　维度四（见表7.12）的软硬环境建设评价中，东西部地区明显表现出色，前十位几乎都来自这两个地区。值得一提的是，东北地区在此项排名均靠后。软环境和硬环境建设主要依赖政府的资金支持。如前文所述，东部地区经济发达，政府财政条件好。而西部各省份作为现阶段国家重点开发地区，国家为其

环境建设和招商引资的财政补贴较高。相比东西部，中部省份的资金投入显然不够充足。而东北地区作为装备制造业传统区域，可能在思想意识上稍显落后，行动速度比不上其他地区。

表 7.12 软环境硬环境建设排名

排名	所属地区	省份名称	分值
1	西部	四川	87.0
2	东部	福建	80.2
3	中部	安徽	77.8
4	西部	重庆	77.4
5	西部	贵州	77.3
6	东部	广东	74.7
7	中部	河南	74.5
8	东部	浙江	72.6
9	东部	河北	72.5
10	西部	云南	72.2
11	东部	江苏	69.2
12	中部	江西	68.6
13	中部	湖南	68.5
14	中部	湖北	68.1
15	东部	海南	65.2
16	西部	陕西	61.8
17	西部	甘肃	60.4
18	东部	山东	60.3
19	东部	上海	59.2
20	中部	山西	56.1
21	西部	宁夏	54.4
22	西部	新疆	52.8
23	东部	北京	48.0
24	东部	广西	47.4
25	东部	辽宁	47.0
26	西部	西藏	44.7
27	东部	天津	42.1
28	中部	黑龙江	41.1

排名	所属地区	省份名称	分值
29	中部	吉林	34.5
30	中部	内蒙古	25.5
31	西部	青海	24.4

（3）各省综合排名

利用构建的指标体系及四个分维度的排名和分析，我们整理出全国各省份的制造业服务化政策综合评价表（见表7.13、图7.12）。通过比对该表，我们发现，在全国范围内，政策综合度排名较高的省份多集中在中西部地区。中西部地区政府表现出的积极态度再一次充分说明了经济欠发达地区对制造业转型升级的迫切需要，其对服务型制造业发展带动地区各项产业发展、改善当地经济落后局面怀有极大期待。

表7.13　各省综合排名

排名	所属地区	省份名称	综合得分
1	东部	福建	90.1
2	西部	四川	90.0
3	东部	江苏	86.4
4	中部	河南	85.9
5	中部	江西	85.4
6	西部	贵州	84.8
7	中部	湖北	83.7
8	中部	安徽	83.6
9	西部	云南	82.7
10	东部	广东	81.6
11	东部	河北	81.4
12	东部	浙江	81.2
13	西部	重庆	80.9
14	东部	山东	77.6
15	西部	甘肃	77.2
16	中部	吉林	76.0

排名	所属地区	省份名称	综合得分
17	东部	上海	74.0
18	中部	湖南	72.0
19	东部	辽宁	70.8
20	西部	陕西	70.4
21	西部	青海	68.2
22	中部	山西	67.8
23	西部	宁夏	65.6
24	东部	广西	64.8
25	西部	新疆	62.9
26	东部	天津	61.9
27	东部	海南	61.8
28	东部	北京	61.0
29	中部	内蒙古	58.8
30	中部	黑龙江	57.0
31	西部	西藏	44.7

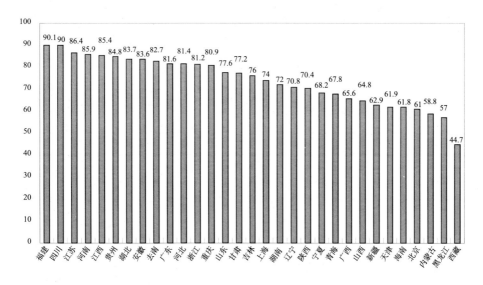

图 7.12　各省份综合排名图

7.4 制造企业服务化的对策建议

围绕制造企业服务化选择的问题，本书对驱动制造企业服务化的影响机理和实现路径进行了重点研究，并提出了新的理论研究视角和实证研究设计，所得到的研究结论对于中国制造企业来说具有重要的现实指导意义，同时能够为政府相关政策的制定者提供有益思路。

在企业转型方面，制造企业服务化对于面临转型的中国制造企业来说是一个新的出路和选择。对于正在考虑是否向服务化转型的传统制造企业，需要结合企业自身情况和所在行业发展情况进行综合考虑。一方面，要对企业自身情况进行合理评估，弄清企业是否具有相对较低的生产成本、能否支撑服务化转型所增加的成本负担；明确企业发展所处阶段，是否已经度过了初创期并且形成了一定的生产规模、积累了一定量的市场份额、具有相当的生产经营经验等；企业的研发投资水平如何，在技术创新方面是否具有领先水平。另一方面，深入了解和判断企业所在行业的市场情况，包括行业整体的发展阶段与前景，行业中的竞争者情况，掌握行业中已经实现向服务化转型的企业占比有多少；进而根据对企业自身和行业整体的研判，决定是否进行服务化转型。如果不能通过服务化带来企业利润的增加或者市场份额增加，那么反而会给企业增加高额成本，使企业陷入新的困境。

对于政府部门相关政策的制定和规划者来说，为了进一步鼓励传统制造企业向服务化转型，需要从政策层面给予一定的引导和支持。除了国家层面现有发布的政策文件，各地方政府可以根据自身发展情况出台一系列的相应政策，如传统制造业面临发展困境的东北地区等。具体地，可以首先选定某些具体行业进行支持，通过促进一部分龙头企业向服务化转型，逐渐提升该行业的服务型制造企业比例，进而在市场机制作用下带动行业内其他企业实现转型。对于具体企业的扶持，可以通过实施一些补贴项目等措施鼓励企业增加对服务创新的投入，同时通过减税等措施进一步降低企业的经营成本，减少企业转型发展的后顾之忧。另外，鼓励传统制造企业与服务型企业之间的重组和并购，实现优质企业进一步做大做强。

为东北地区为例，当地政府首先应当制定开放市场，深化国际交流合作的政策，利用本地区装备制造企业优势，大力加强与国内省市的对接合作，鼓励国际交流与合作，加快装备制造企业由产品输出向技术输出、资本输出和服务输出转变；其次应当充分利用政府公共政策的引导规划，完善政策体系，强化海工装备及高技术船舶、航空装备、节能汽车与新能源汽车等高端装备制造业，同时进一步优化市场协作方向，形成科学完整配套体系，进而实现装备制造业服务化升级；最后应该加大科技创新和高端人才引进力度，利用地区科研机构众多的优势，支持和鼓励技术开发，进一步加快装备制造业服务化进程，同时建立符合实际、科学合理的人才引进制度。

从全国层面来看，政府部门可以针对当前服务型制造还没有获得足够的重视的问题，建议新版服务型制造专项文件能够在更高层级发布，使服务型制造成为我国制造业质量变革、效率变革、动力变革的重要推动力；也可以消除服务业和制造业在税收、金融、科技、价格要素之间的政策差异，服务型制造发展成果作为主管部门的考核指标，在用水、用地、用电方面给予政策优惠。另外，政府还可以加大对服务型制造关键共性技术的支持力度，打造具有软硬结合、产融结合能力的公共服务平台。

7.5 本章小结

本章主要内容为制造业服务化的政策梳理。首先进行国际服务型制造发展概述，对各国再工业化战略中的服务型制造政策和跨国企业推出的服务化转型方法，分别选取特色条款和突出案例描述；然后，从服务经济、生产性服务、服务型制造三个阶段分析了我国制造业服务的阶段特征和政策梳理，并配有典型政策阐释；最后以三十一个省级行政单位发布的制造业服务相关政策为依据，从东、中、西三个经济发展区域入手，进行地区差异化政策分析。为了增加分析结果的可参考性，建立省级政策评价体系，构建四个维度的评价表，并生成综合评价，并从企业和政府两方面给出关于如何营造有利于制造业服务化升级发展的对策建议。

参考文献

曾建权, 2006. 广东人力资源现状与开发对策 [J]. 生产力研究, 162 – 163.

陈帆, 叶志娟, 2017. 德国工业4.0对高职院校人才培养的启示 [J]. 文教资料 (08): 114 – 115.

陈骞, 2017. 日本"制造业+IT"融合革新趋势 [J]. 上海信息化 (02): 80 – 82.

陈宁, 2010. 基于服务要素投入的制造业结构演进规律研究 [D]. 上海: 上海社会科学院: 23 – 26.

陈永广, 2015. 发达国家推动制造业服务化的经验及启示 [J]. 中国工业评论 (11): 40 – 45.

程东全, 顾锋, 耿勇, 2011. 服务型制造中的价值链体系构造及运行机制研究 [J]. 管理世界 (12): 180 – 181.

楚丹. 苹果利润流正从硬件转向软件服务 [EB/OL]. (2017 – 08 – 03) [2020 – 03 – 10]. http://pinpai.china.com.cn/2017 – 08/03/content_39068199.htm.

崔日明, 张婷玉, 2013. 美国"再工业化"战略与中国制造业转型研究 [J]. 经济社会体制比较 (6): 21 – 30.

邓于君, 2002. 欧美制造业企业趋向下游服务环节现象浅探 [J]. 经济前沿 (05): 42 – 43.

丁纯, 李君扬, 2017. 德国"工业4.0": 内容、动因与前景及其启示 [J]. 德国研究, 29 (04): 49 – 66 + 126.

方丹. 制造企业服务化的实现路径研究 [D]. 合肥: 安徽农业大学.

方润生, 郭朋飞, 李婷, 2014. 基于陕鼓集团案例的制造企业服务化转型演进过程与特征分析 [J]. 管理学报, 11 (6): 889 – 897.

高振, 段珺, 黄英明, 等, 2019. 中国生物制造产业与科技现状及对策建议 [J]. 科学管理研究, 37 (05): 68 – 75.

顾新建，李晓，祁国宁，等，2009. 产品服务系统理论和关键技术探讨［J］. 浙江大学学报工学版，43（12）：2237 – 2243.

韩娜，2015. GE 之路 – 通用电气的服务化转型［J］. 装备制造（12）：72 – 73.

何哲，孙林岩，贺竹馨，等，2008. 服务型制造与传统供应链体系的差异［J］. 软科学（4）：77 – 81.

何哲，孙林岩，朱春燕，2010. 服务型制造的概念、问题和前瞻［J］. 科学学研究，28（1）：53 – 60.

和征，陈菊红，2015. 基于产品服务融合的服务型制造企业服务创新方法研究［J］. 运筹与管理，24（3）：240 – 247.

贺正楚，吴艳，蒋佳林，等，2013. 生产服务业与战略性新兴产业互动与融合关系的推演、评价及测度［J］. 中国软科学（5）：129 – 143.

呼阳，陈秀丽，2019. 中小制造企业服务化转型面临的挑战与对策研究［J］. 广西质量监督导报（08）：67.

胡查平，汪涛，2016. 制造业服务化战略转型升级：演进路径的理论模型——基于 3 家本土制造企业的案例研究［J］. 科研管理，37（11）：119 – 126.

胡延松，姚凤云，2010. 我国应加快发展城市服务经济［J］. 商业经济（06）：100 – 102.

黄慧群，霍景东，2014. 全球制造业服务化水平及其影响因素——基于国际投入产出数据的实证分析［J］. 经济管理，36（1）：1 – 11.

简兆权，伍卓深，2011. 制造业服务化的路径选择研究——基于微笑曲线理论的观点［J］. 科学学与科学技术管理（12）：137 – 143.

简兆权，陈键宏，郑雪云，2014. 网络能力、关系学习对服务创新绩效的影响研究［J］. 管理工程学报，28（3）：91 – 99.

姜黎辉，2016. 服务转型背景下制造企业知识管理架构与流程研究［J］. 科技管理研究（2）：172 – 178.

姜黎辉，2016. 制造企业服务化转型的海星模式研究［J］. 技术经济与管理研究（3）：54 – 58.

姜铸，李宁，2015. 服务创新、制造业服务化对企业绩效的影响［J］. 科研管理，36（5）：29 – 37.

蒋楠，赵嵩正，吴楠，2016. 服务型制造企业服务提供、知识共创与服务创新绩效［J］. 科研管理，37（6）：57 – 64.

金雯. 国外推进生产性服务业策略一瞥［EB/OL］.（2015 – 10 – 08）［2020 – 03 – 10］. http：//www. qunzh. com/qkzx/gwqk/jczx/2015/201505/201510/t20151008_13515. html

克里斯廷，格罗鲁斯，韦福祥，2008. 服务管理与营销：服务竞争中的顾客管理 ［M］.
　北京：水利电力出版社.

李刚，孙林岩，李健，2009. 服务型制造的起源、概念和价值创造机理 ［J］. 科技进步与
　对策，26（7）：68－72.

李杰，2015. 工业大数据：工业 4.0 时代的工业转型与价值创造 ［M］. 邱伯华，等，
　译. 北京：机械工业出版社：13－15.

李金华，2015. 德国"工业 4.0"与"中国制造 2025"的比较及启示 ［J］. 中国地质
　大学学报（社会科学版），15（05）：71－79.

李靖华，马丽亚，黄秋波，2015. 我国制造企业"服务化困境"的实证分析 ［J］. 科学
　学与科学技术管理，36（6）：36－45.

李雷，赵先德，杨怀珍，2012. 国外新服务开发研究现状述评与趋势展望 ［J］. 外国经
　济与管理，34（1）：36－45.

李清政，徐朝霞，2014. 顾客共同生产对服务创新绩效的影响机制——基于知识密集型
　服务企业在 B2B 情境下的实证研究 ［J］. 中国软科学（8）：120－130.

李庆东，2006. 企业创新系统各要素的相关性分析 ［J］. 工业技术经济，25（9）：81－84.

林建宗，2010. 服务型制造及其信息化基本框架的构建 ［J］. 厦门理工学院学报，18
　（2）：42－46.

林文进，江志斌，李娜，2009. 服务型制造理论研究综述 ［J］. 工业工程与管理，14
　（6）：1－6.

蔺雷，吴贵生，2007. 我国制造企业服务增强差异化机制的实证研究 ［J］. 管理世界
　（6）：103－113.

蔺雷、吴贵生，2006. 制造业的服务增强研究：起源、现状与发展 ［J］. 科研管理，27
　（1）：91－99.

刘成龙，2017. 制造企业服务化实现路径研究 ［D］. 哈尔滨：哈尔滨理工大学.

刘继国，2008. 制造业企业投入服务化战略的影响因素及其绩效：理论框架与实证研究
　［J］. 管理学报，5（2）：237－242.

刘尚文，李晓华，2019. 中国服务型制造的发展现状、问题与对策 ［J］. 中国浦东干部
　学院学报，13（03）：121－128.

刘新艳，2009. 产品服务系统（PSS）效率分析 ［J］. 企业管理（17）：183－184.

刘须奎，李树英，张静，2011. 发达国家发展生产性服务业的政策措施及对我国的启示
　［J］. 中国市场（28）：171－173.

刘毅，周春山，2013. 再工业化背景下美国制造业发展变化及影响研究 ［J］. 世界地理

研究（12）：13 – 24.

刘重，王葆菁，2008. 现代生产性服务业延伸与发展的新模式［A］. 理论与现代化
（3）：66 – 69.

龙跃，2012. 现代服务环境下制造服务创新的内涵与外延［J］. 华东经济管理，26（7）：
67 – 70.

卢俊义，王永贵，2011. 顾客参与服务创新与创新绩效的关系研究——基于顾客知识转
移视角的理论综述与模型构建［J］. 管理学报，8（10）：1566 – 1574.

鲁桂华，蔺雷，吴贵生，2005. 差别化竞争战略与服务增强的内在机理［J］. 中国工业经
济（5）：21 – 27.

路红艳，2010. 国外发展生产性服务业的政策措施及启示［J］. 中国经贸导刊（19）：
21 – 22.

罗建强，马蕾，2013. 面向 SOM 的制造业服务创新模式研究——延迟策略实施的视角
［J］. 中国科技论坛（2）：53 – 59.

罗建强，彭永涛，张银萍，2014. 面向服务型制造的制造企业服务创新模式研究［J］. 当
代财经（12）：67 – 76.

迈克尔波特，2005. 竞争优势［M］陈小悦，译. 北京：华夏出版社.

聂庆明，汪萍霞，2009. 我国制造业的现状及发展对策分析［J］. 无锡职业技术学院学
报，8（02）：82 – 84.

全力打造海南服务业"升级版"［N］. 海南日报，2014 – 02 – 20（A06）.

任泽平. 我国制造业发展的现状与趋势［N］. 经济日报，2013 – 08 – 05（014）.

伊然，2016. 国家 3 部门联合印发《发展服务型制造专项行动指南》［J］. 工程机械，47
（09）：67.

石宇强，吴双，2009. 网格支持下的服务型制造模式研究［J］. 制造业自动化，31（3）：
29 – 31.

宋晗菲，2013. 发达国家生产性服务业与制造业互动发展研究［D］. 郑州：郑州大学.

孙林岩，李刚，江志斌，等，2007. 21 世纪的先进制造模式——服务型制造［J］. 中国
机械工程（19）：2307 – 2312.

孙林岩，汪建，2002. 先进制造模式——理论与实践［M］. 西安：西安交通大学出版社.

谭洪波. 从生产性服务业的角度审视美国的再工业化［N］. 光明日报，2013 – 09 – 06
（011）.

唐未兵，傅元海，王展祥，2014. 技术创新、技术引进与经济增长方式转变［J］. 经济研
究（7）：31 – 43.

唐志良，刘建江，2017. 美国再工业化与中国制造 2025 的异同性研究［A］. 生产力研究（2）：76 - 85.

瓦科拉夫·斯米尔，2014. 美国制造：国家繁荣为什么离不开制造业［M］. 李凤海，刘寅龙，译. 北京：机械工业出版社：1 - 19.

王芳，赵兰香，贾佳，2015. 组织创新对企业模仿与创新绩效的影响［J］. 科研管理，36（12）：65 - 74.

王红，2010. 推进我国生产性服务业发展的政策建议［J］. 企业活力（9），20 - 23.

王明微，张树生，周竞涛，2010. 面向服务型制造的协同业务流程构建框架［J］. 计算机集成制造系统，16（11）：2537 - 2543.

王瑶，2011. 斯密定理和规模经济——试论马歇尔冲突是一伪命题［J］. 经济学动态（5）：145 - 150.

王玉辉，原毅军，2016. 服务型制造带动制造业转型升级的阶段性特征及其效应［J］. 经济学家（11）：37 - 44.

温志桃，黄丽萍，2019. 广西制造业发展现状及对策［J］. 现代商业（15）：58 - 59.

吴贵生，蔺雷，2011. 我国制造企业"服务增强"的实证研究及政策建议［J］. 管理工程学报（4）：87 - 95.

武晓青，杨明顺，高新勤，巴黎，2011. 服务型制造模式与运行框架研究［J］. 工业工程与管理，16（2）：82 - 91.

夏妍娜，赵胜，2015. 工业 4.0：正在发生的未来［M］. 北京：机械工业出版社：30.

夏琰，胡左浩，2014. 服务型制造的转型模式［J］. 清华管理评论（10）：62 - 71.

肖挺，2016. 高管团队特征、制造企业服务创新与绩效［J］. 科研管理，37（11）：142 - 149.

肖挺，2015. 中国制造企业"绩效—服务化悖论"的再论证［J］. 科学学与科学技术管理，36（10）：123 - 134.

肖文，林高榜，2014. 政府支持、研发管理与技术创新效率——基于中国工业行业的实证分析［J］. 管理世界（4）：71 - 80.

谢文明，江志斌，王康周，等，2012. 服务型制造与传统制造的差异及新问题研究［J］. 中国科技论坛（09）：59 - 65.

幸炜，李长英，2016. 基于要素密集度异质性的全行业出口增加值拉动效应研究［J］. 经济问题探索（9）：92 - 100.

许晖，张海军，2016. 制造业企业服务创新能力构建机制与演化路径研究［J］. 科学学研究，34（2）：298 - 311.

杨慧，宋华明，俞安平，2014. 服务型制造模式的竞争优势分析与实证研究——基于江苏200家制造企业数据［J］. 管理评论，26（3）：89 – 99.

杨书群，2012a. 服务型制造的实践、特点及成因探讨［J］. 产经评论，3（04）：46 – 55.

杨书群，2012b. 制造企业服务化的趋势、成因及中国的发展战略［J］. 中国发展，12（2）：14 – 19.

杨志云，2019. 机械制造企业在智能制造发展中的信息化建设策略［J］. 企业改革与管理（16）：37 – 38.

余寒雨，梁爽，2019. 辽宁省装备制造业服务化发展对策研究［J］. 对外经贸（08）：53 – 55.

俞安平，曹雯，2011. 服务型制造模式的成本优势与形成机理［J］. 南京财经大学学报（5）：30 – 34.

张峰，邱玮，2013. 探索式和开发式市场创新的作用机理及其平衡［J］. 管理科学，26（1）：1 – 13.

张青山，逯晓宇，徐伟，2014. 制造业服务化转型：挑战、路径与对策［J］. 沈阳工业大学学报（社会科学版），7（03）：237 – 244.

张青山，吴国秋，2014. 具有竞争优势期望的服务型制造业务流程优化研究［J］. 预测（2）：59 – 65.

张若勇，刘新梅，王海珍，等，2010. 客户——企业交互对服务创新的影响——基于组织学习的视角［J］. 管理学报，7（2）：218 – 224.

张振刚，张小娟，2014. 企业市场创新概念框架及其基本过程［J］. 科技进步与对策（1）：80 – 85.

赵宏宇，2008. 制造业的服务化研究［D］. 北京：北京工业大学.

赵少华，2014. 装备制造业服务化实现路径研究［D］. 哈尔滨：哈尔滨理工大学.

赵书华，张弓，2009. 中国与美国、印度技术密集型服务贸易竞争力的比较分析［J］. 对外经贸实务（4）：69 – 72.

赵馨智，刘亮，蔡鑫，2014. 工业产品服务系统的创新策略——基于能力需求/供给匹配视角［J］. 科学学研究，32（7）：1106 – 1113.

赵益维，陈菊红，王命宇，等，2013. 制造业企业服务创新——动因、过程和绩效研究综述［J］. 中国科技论坛（2）：78 – 81.

赵振，2016. "互联网 +" 下制造企业服务化悖论的平台化解决思路［J］. 科技进步与对策，33（6）：76 – 83.

仲长江，2006. IBM 的服务转型［J］. 企业改革与管理（12）：70 – 71.

周大鹏, 2013. 制造业服务化对产业转型升级的影响 [J]. 世界经济研究 (09): 17 –
22 + 48 + 87.

周国华, 王岩岩, 2009. 服务型制造模式研究 [J]. 技术经济, 28 (2): 24 – 26.

ALVAREZ R L P, MARTINS M R, SILVA M T, 2015. Applying the maturity model concept to
the servitization process of consumer durables companies in Brazil [J]. Journal of Manufactur-
ing Technology Management, 26 (8): 1086 – 1106.

AMABILE T M, 1988. A model of creativity and innovation in organizations [J]. Research in
Organizational Behavior, 10 (10): 123 – 167.

ANDREA M, ELIF B M, ALAN H, 2014. Open service innovation and the firm's search for
external knowledge [J]. Research Policy, 43 (5): 853 – 866.

ANSOFFI, 1972. The concept of strategic management [J]. Journal of Business Policy.

AUGUSTE B G, HARMAN E P, PANDIT V, 2006. The right service strategies for product
companies [J]. The Mckinsey Quarterly (1): 41 – 51.

AVLONITIS G J, PAPASTATHOPOULOU P G, GOUNARIS S P, 2001. An empirically – based
typology of product innovativeness for new financial services: Services and failure scenarios [J].
Journal of Product Innovation Management, 18 (5): 324 – 342.

BAINES T S A, LIGHTFOOT H W A, EVANS S A, et al., 2007. State – of – the – art in
product – service systems [J]. Proceedings of the Institution of Mechanical Engineers Part B
Journal of Engineering Manufacture, 221 (10): 1543 – 1552.

BAINES T S, LIGHTFOOT H W, BENEDETTINI O, et al., 2009. The servitization of manu-
facturing: A review of literature and reflection on future challenges [J]. Journal of Manufac-
turing Technology Management, 20 (5): 547 – 567.

BAINES T, 2007. State – of – the – art in product – service systems [J]. Engineering Manufac-
ture, 221 (10): 1543 – 1552.

BANKER R D, KHOSLA I, SINHA K K, 1998. Quality and competition [J]. Management
Science, 44 (9): 1179 – 1192.

BERNSTEIN F, FEDERGRUEN A, 2004. A general equilibrium model for industries with price
and service competition [J]. Operations Research, 52 (6): 868 – 886.

BETTENCOURT L, 2010. Service innovation: How to go from customer needs to breakthrough
services [M]. New York: McGraw – Hill.

COASE R H, 1937. The Nature of the Firm [J]. Economica, 4 (16): 386 – 405.

COCK M B, BHAMRA T A, LEMON M, 2006. The transfer and application of product service system: from academia to UK manufacturing firm [J]. Journal of Cleaner Production, 14 (17): 1455 – 1465.

COOPER R G, KLEINSCHMIDT E J, 1987. New products: What separates winners from losers? [J]. Journal of Product Innovation Management, 4 (3): 169 – 184.

CORDERO R, 1990. The measurement of innovation performance in the firm: An overview [J]. Research Policy, 19 (2): 185 – 192.

COYNE K P, 1989. Beyond service fads: Strategies for the real world [J]. The McKinsey Quarterly, 2: 56 – 71.

CROZET M, MILET E, 2015. Should everybody be in services? The effect of servitization on manufacturing firm performance [R]. Institut d´Economie et Econométrie, Université de Genève.

DAHLMAN C J, 1979. The problem of externality [J]. The Journal of Law and Economics, 22 (1): 141 – 162.

DAY G S, MOORMAN C, 2010. Strategy from the outside in: profiting from customer value [M]. McGraw – Hill.

DESMET S, DIERDONCK R V, LOOY B V, 2013. Servitization: Or why services management is relevant for manufacturing environments [M]. Pearson Education Limited.

EGGERT A, HOGREVE J, ULAGA W, et al, 2011. Industrial services, product innovations, and firm profitability: a multiple – group latent growth curve analysis [J]. Industrial Marketing Management, 40 (5): 661 – 670.

FANG E, PALMATIER R W, STEENKAMP J B E M, 2008. Effect of service transition strategies on firm value [J]. Journal of Marketing, 72 (5): 1 – 14.

FIZGERALD L, JOHNSTON R, SILVESTRO R, et al, 1991. Performance measurement in service business [M]. London: CIMA.

FRY T D, STEELE D C, SALADIN B A, 1994. A service – oriented manufacturing strategy [J]. International Journal of Operations & Production Management, 14 (10): 17 – 29.

GANN D M, SALTER A J, 2000. Innovation in project – based, service – enhanced firms: the construction of complex products and systems [J]. Research Policy, 29 (7 – 8): 955 – 972.

GEBAUER H, FLEISCH E, FRIEDLI T, 2005. Overcoming the service paradox in manufacturing companies [J]. European Management Journal, 23 (1): 14 – 26.

GEBAUER H, FLEISCH E, 2007. An investigation of the relationship between behavioral processes, motivation, investments in the service business and service revenue [J]. Industrial Marketing Management, 36 (3): 337 – 348.

GEBAUER H, REN G J, VALTAKOSKI A, REYNOSO J, 2011. Service – driven manufacturing: provision, evolution and financial impact of services in industrial firms [J]. Journal of Service Management, 23 (1): 120 – 136.

GOEDLKOOP M J, VAN HALEN C J G, TERIELE H R M, et al, 1999. Product service systems, ecological and economic basics [R]. Ministry of Housing, Spatial Planning and the Environment Communications Directorate, The Hague, The Netherlands.

GRILICHES Z, 1998. The Search for R&D Spillovers [J]. Scandinavian Journal of Economics, 94 (94): 29 – 47.

GUERRIERI P, MELICIANI V, 2005. Technology and international competitiveness: the interdependence between manufacturing and producer services [J]. Structural Change & Economic Dynamics, 16 (4): 489 – 502.

HOBO M, WATANABE C, CHAOJUNG CHEN, 2006. Double spiral trajectory between retail, manufacturing and customers leads a way to service oriented manufacturing [J]. Technovation, 26 (7): 873 – 890.

HOMBURG C, HOYER W D, FASSNACHT M, 2013. Service Orientation of a Retailer's Business Strategy: Dimensions, Antecedents, and Performance Outcomes [J]. Journal of Marketing, 66 (4): 86 – 101.

HUANG J, LENG M, PARLAR M, 2013. Demand functions in decision modeling: A comprehensive survey and research directions [J]. Decision Sciences, 44 (3): 557 – 609.

IM S, WORKMAN J P, 2013. Market Orientation, Creativity, and New Product Performance in High – Technology Firms [J]. Journal of Marketing, 68 (2): 114 – 132.

JAW C, LO J Y, LIN Y H, 2010. The determinants of new service development: service characteristics, market orientation, and actualizing innovation effort [J]. Technovation, 30 (4): 265 – 277.

JUN FUJIMOTO, YASUSHI UMEDA, TETSUYA TAMUR, et al., 2005. Development of service – oriented products based on the inverse manufacturing concept [J]. Environmental Science & Technology, 37 (23): 5398 – 5406.

KALLENBERG R, OLIVA R, 2003. Managing the transition from product to services [J]. International Journal of Service Industry Management, 14 (2): 160 – 172.

KASTALLI I V, VAN LOOY B, 2013. Servitization: disentangling the impact of service business model innovation on manufacturing firm performance [J]. Journal of Operations Management, 31 (4): 169 – 180.

MALLERET V, 2006. Value creation through service offers [J]. European Management Journal, 24 (1): 106 – 116.

MANSURY M A, LOVE J H, 2008. Innovation, productivity and growth in US business services: A firm – level analysis [J]. Technovation, 28 (1): 52 – 62.

MARTINEZ V, BASTL M, KINGSTON J, et al., 2010. Challenges in transforming manufacturing organizations into product – service providers [J]. Journal of Manufacturing Technology Management, 21 (4): 449 – 469.

MATEAR S, OSNORNE P, GARRETT T, et al., 2002. How does market orientation contribute to service firm performance? An examination of alternative mechanism [J]. European Journal of Marketing, 36 (9/10): 1058 – 1075.

MATTHEWS R C O, 1986. The Economics of Institutions and the Sources of Growth [J]. Economic Journal, 96 (384): 903 – 918.

MICHAEL E PORTER, 2004. Competitive Advantage [M]. New York: Free Press.

MONT O K, 2002. Clarifying the concept of product – service system [J]. Journal of Cleaner Production, 10 (3): 237 – 245.

MUDAMBI, R, 2008. Location, control and innovation in knowledge – intensive industries [J]. Journal of Economic Geography, 8/2, 699 – 725.

NEELY A, BENEDETINNI O, VISNJIC I, 2011. The servitization of manufacturing: further evidence [C]. 18th European operations management association conference.

NEELY A, 2008. Exploring the financial consequences of the servitization of manufacturing [J]. Operations Manament Research, 1 (2): 103 – 118.

NEELY A, 2007. The servitization of manufacturing: an analysis of Global Trends [M]. European Operations Management Association.

PATON R A, MCLAUGHLIN S, 2008. The services science and innovation series [J]. European Management Journal, 26 (2): 75 – 76.

RAJA J Z, BOURNE D, GOFFIN K, et al., 2013. Achieving customer satisfaction through integrated products and services: an exploratory study [J]. Journal of Product Innovation Management, 30 (6): 1128 – 1144.

REN G, GREGORY M, 2007. Servitization in manufacturing companies: a conceptualization, critical review, and research agenda [J]. Journal of the Japan Welding Society, 66 (12): 151 – 155.

SACCANI N, VISINTIN F, RAPACCINI M, 2014. Investigating the linkages between service types and supplier relationships in servitized environments [J]. International Journal of Production Economics, 149: 226. 238.

SCHUMPETER J, 1912. The theory of economic development [M]. Cambridge, MA: Harvard University Press.

SERGEY ANOKHIN, WILLIAM S, 2009. Schulze. Entrepreneurship, innovation, and corruption [J]. Journal of Business Venturing, 24 (5): 465 – 476.

SETTANNI E, NEWNES L B, THENENT N E, et al., 2014. A through – life costing methodology for use in product – service – systems [J]. International Journal of Product Economics, 153: 161 – 177.

SLEPNIOV D, WAEHRENS B V, JOHANSEN J, 2010. Servitization as a strategy for survival: an investigation of the process in danish manufacturing firms [J]. University of Cambridge Institute for Manufacturing.

SUAREZ F F, CUSUMANO M A, KAHL S J, 2013. Services and the business models of product firms: an empirical analysis of the software industry [J]. Management Science, 59 (2): 420 – 435.

SZALAVETZ A, 2003. Tertiarization of manufacturing industry in the new economy [R]. Iwe Working Papers.

TUKKER A, 2004. Eight types of product – service system: eight ways to sustainability? Experiences from Suspronet [J]. Business Strategy and The Environment, 13 (4): 246 – 260.

VANDERMERWE S, RADA J, 1988. Servitization of business: Adding value by adding services [J]. European Management Journal, 6 (4): 314 – 324.

VISNJIC I, NEELY A, WIENGARTEN F, 2012. Another performance paradox?: A refined view on the performance impact of servitization [R]. Barcelona: ESADE working paper.

VORHIES D W, ORR L M, BUSH V D, 2011. Improving customer – focused marketing capabilities and firm financial performance via marketing exploration and exploitation [J]. Journal of the Academy of Marketing Science, 39 (5): 736 – 756.

VOSS C A, 1992. Measurement of innovation and design performance in services [J]. Design Management Journal (Former series), 3 (1): 40 – 46.

WARD Y, GRAVES A, 2007. Through – life management: the provision of total customer solutions in the aerospace industry. [J]. International Journal of Services Technology & Management, 8 (6): 455 – 477.

WILLIAMS A, 2007. Product service systems in the automobile industry: contribution to system innovation? [J]. Journal of Cleaner Production, 15 (11 – 12): 1093 – 1103.

WILLIAMSON O E, 1993. Transaction cost economics and organization theory [J]. Industrial & Corporate Change, 2 (1): 17 – 67.

YOON B, KIM S, RHEE J, 2012. An evaluation method for designing a new product – service system [J]. Expert Systems with Applications, 39 (3): 3100 – 3108.

ZHEN L, 2012. An analytical study on service – oriented manufacturing strategies [J]. International Journal of Production Economics, 139 (1): 220 – 228.

ZVERKINA G A, 2015. On some limit theorems following from Smith's Theorem [J]. Mathematics.